Ferruccio Gentili

La sfera dell'Ayurveda

Ferruccio Gentili

La sfera dell'Ayurveda

cultura, alimentazione, medicina, diagnosi, cura e massaggio

Edizioni Sant'Antonio

Cover image: www.ingimage.com

Publisher:
Edizioni Accademiche Italiane
is a trademark of
International Book Market Service Ltd., member of OmniScriptum Publishing Group
17 Meldrum Street, Beau Bassin 71504, Mauritius
Printed at: see last page
ISBN: 978-613-8-39394-8

"Una malattia che l'uomo
dovrebbe sempre combattere
è la mancanza del sorriso."

Nota e Avvertenza

Coloro che vogliono affacciarsi per le prime volte sulla soglia dello sconfinato mondo olistico, potranno trovare in questo testo un primo semplice viatico per scoprire iniziali fondamenti e notizie interessanti sulla misteriosa scienza ayurvedica. Correlato, qua e là, di precisi riferimenti su alimentazione, massaggi, pranayama, meditazione, anatomia, comportamenti e suggerimenti, anche sulla disciplina yoga di cui certuni fanno parte, oltre a brevi cenni sulla lingua sanscrita e devanagari, questo libro potrà essere utilizzato come ottima base di partenza per ulteriori approfondimenti, utili a distillare concetti ritenuti spesso ermetici e complessi nello sviluppo dell'analisi e lo studio più avanzato della materia. Alcuni aforismi che abbiamo voluto riportare nel testo sono stati tratti da antiche scritture espressamente citate.

Il testo, pertanto, indirizzato ai neofiti che abbiano coltivato le prime curiosità su questa materia, non deve essere considerato in nessun modo come sostitutivo o integrativo di diagnosi, prescrizioni, somministrazioni, indicazioni e raccomandazioni di consulti espressi da medici regolarmente iscritti all'esercizio della professione. L'autoterapia senza consulto è sempre sconsigliata, i rimedi naturali possono in ogni caso comportare il rischio di controindicazioni, per questo è sempre necessario prima di assumere qualsiasi prodotto alimentare o eseguire particolari pratiche, chiedere il parere e l'approvazione del proprio medico di fiducia. Lo scopo del libro dunque non è scientifico ma soltanto divulgativo e conoscitivo, integrato qua e là da opinioni interpretative e pertanto adatto unicamente a raccontare ed ampliare una più vasta conoscenza, a volte empirica, dell'antica Ayurveda, spesso emarginata dall'ortodossia delle realtà scientifiche e rigorose della scienza ufficiale, che qui non vogliamo certamente criticare, bensì confermare nella sua incondizionata validità.

La sfera dell'Ayurveda:

cultura, alimentazione, medicina, diagnosi, cura e massaggio

Agni: il fuoco gastrico ed il metabolismo fisiologico

Cos'è l'Ayurveda

L'Ayurveda आयुर्वेद è uno "status" che si manifesta attraverso un preciso stile di vita prevalentemente riconducibile all'ordine del mondo olistico. Prima di entrare nel tema specifico è bene introdurre una breve e sintetica descrizione sulla caratterizzazione di questa scienza.

L'etimologia del termine nasce dalle parole sanscrite "ayus" che significa salute, longevità e "veda" che vuol dire conoscenza rivelata; quindi la conoscenza della longevità della vita e della salute. Secondo le origini mitologiche della religione induista viene fatta risalire al Brahma, creatore degli universi (kalpa), la prima figura della "Trimurti" che rappresenta la emanazione divina del Brahman. L'Ayurveda, sorella dello Yoga, è considerata una identità tetravalente, dove filosofia, scienza, religione e cultura ne rappresentano l'unicità. E' filosofia perché il termine significa "amore per la sapienza", ma la sapienza è anche verità e comprensione, riconducibili alla **pura divina Coscienza**. E' scienza in quanto l'apprendimento e la conoscenza caratterizzano la linfa della sua identità. E' inoltre religione perché il lungo cammino dell'esistenza è considerato empireo, inviolabile e sacro. E' infine cultura perché l'Ayurveda è un contenitore colmo di notizie, dati, informazioni, riferimenti e suggerimenti utili al mantenimento della salute.

Come nasce

E' una scienza millenaria che nasce nel subcontinente indiano e risale presumibilmente, secondo dati storici, a circa tremilacinquecento anni fa; trasmessa prima oralmente (**sruti**), fu successivamente sistematizzata in forma scritta (**smriti**) intorno al 450 a.C.. Inizialmente divulgata tramite il "pupillato", era diffusa unicamente nelle Regioni, nei centri rurali e nei villaggi. I suoi ambiti di applicazione sono ampi e diversificati e vanno dalla medicina naturale al massaggio terapeutico, dallo stile di vita all'alimentazione, dalla individuazione della tipologia corporea alla sintomatologia fisiologica, dalla cura dei disturbi al ripristino della salute, ma non per ultimo riguardano anche l'aspetto caratteriale dell'individuo compreso le sue condizioni psicologiche. Secondo l'ayurveda l'uomo è formato da mente, corpo ed anima e la capacità della medicina ayurvedica ha principalmente lo scopo di ristabilirne l'equilibrio, ove modificato, mantenendo conseguentemente la loro interrelazione "compiacente".

Le scienze mediche olistiche

Attualmente in India sono presenti più di trecento college e quattro campus universitari dove si studia questa scienza, ormai totalmente integrata nel sistema sanitario nazionale. Sono ufficializzati dal Governo del subcontinente indiano tre tipi di medicina: *"Ayurveda, Siddha* ed *Unani"*. La **Siddha**, diffusa principalmente nel sud dell'India, nello stato del Tamil Nadu, per il suo antichissimo retaggio ritiene se stessa madre di tutte le medicine e scienze mediche. Il termine sanscrito viene tradotto come "perfezione" oppure "realizzato", e sta a significare che il praticante (sadhaka) attraverso la sue azioni e la sua condotta (sadhana) ha ottenuto i poteri soprannaturali e l'immortalità. Sappiamo comunque che questi due concetti, più volte ascritti nei testi più antichi e autorevoli della disciplina yoga, non devono essere necessariamente interpretati e limitati al loro significato letterario, bensì ricondotti ad un contenuto molto più ampio e più interpretativo. Questa medicina dunque è considerata tribale, cioè rivolta alle popolazioni meno abbienti. La Siddha, come l'Ayurveda e la Unani, è anch'essa umorale, cioè basata sugli "umori/vizi" corporali, ossia sui tre dosha, e fa riferimento, come le altre, sia al macro che al micro cosmo. Il metodo di cura si estende attraverso l'uso e l'applicazione di erbe e sostanze naturali, l'assunzione di sana alimentazione ed una costante pratica Kundalini yoga; ma non disconosce metodi straordinari come incantesimi, influenze sovrannaturali, astrologia ed alchimia. Ritiene rimedi curativi anche l'urina dell'uomo e della donna, le feci del cavallo e di altri animali, le mestruazioni ed il cerume delle orecchie, pertanto in piena cultura tribale. Non per questo però, non per queste singolari espressioni, dobbiamo o possiamo considerare secondaria questa antica medicina, non per questo la cultura siddha deve passare, obtorto collo, sotto il peso delle forche caudine della scienza medica ortodossa. La siddha è piena di indicazioni e ricca di simmetrie con l'Ayuveda, e le sue "stravaganze", le sue distonie comportamentali, per alcuni aspetti, la rendono magari anche vicina ai contenuti esoterici e misteriosi dell'Atharva Veda, pervasa, lo sappiamo, di apprezzabili e stimolanti informazioni. Tra i più autorevoli ricercatori di questa antica scienza citiamo lo statunitense professor David Gordon White, storico delle religioni con particolare interesse per l'Induismo. Oltre la Siddha è riconosciuta in India anche la medicina **Unani**, dal nome greco, ma con forte sviluppo islamico. Controlla la salute dell'individuo attraverso l'interazione dei quattro umori corporali: sangue, muco, bile gialla e bile nera; la malattia è il risultato di eventuali squilibri dovuti al cambiamento delle loro qualità e/o quantità. E' diffusa nel continente Indo-Pakistano, in Medio oriente, in Asia centrale e nella Cina occidentale. Non tratteremo qui, per motivi di spazio, questa scienza medica.

La storia dell'Ayurveda

Dicevamo che le origini dell'Ayurveda risalgono ad una antica diffusione d'informazioni unicamente orale che, tramite il *"pupillato"* si è espansa sino ai nostri giorni, finalmente sistematizzata in una innumerevole quantità di testi scritti. Così, mentre tra gli antichi osservanti la trasmissione della conoscenza veniva fatta da individuo ad individuo, i preparati ayurvedici costituiti essenzialmente da erbe allora conosciute venivano composti dagli abitanti dei villaggi in modo artigianale e con lunghi e stancanti processi di trasformazione. In seguito, nell'era moderna, lo Stato Indiano impegnandosi a fondo nella ricerca, procedeva alla raccolta di quelle informazioni non più orali, provenienti dall'intero subcontinente indiano, facendone di fatto un'autorevole medicina ufficializzata. Con un vero e proprio processo di *"vernacolarizzazione"*, ovvero con la interpretazione di tutti i dialetti (vernacoli) del tessuto territoriale, e l'aiuto di varie università indiane, si procedeva finalmente alla redazione di un convalidato RICETTARIO ayurvedico. Una volta avviata l'evoluzione, gli antichi rimedi ayurvedici, mediante la

FARMACIZZAZIONE, assumevano oltre l'aspetto di singolo ricettario, anche quello di vero e proprio status moderno di MEDICINA ufficiale. La produzione di validi farmaci insieme alla relativa commercializzazione e vendita di prodotti da banco trasformavano radicalmente questa scienza, identificandola non più come prerogativa panindiana, bensì ben oltre i confini di Stato. Tra la fine del XX e l'inizio del XXI secolo con l'avvio del fenomeno transnazionale l'Ayurveda inizierà la sua emigrazione verso l'Occidente, in particolare Stati Uniti e Nord Europa, ritornando in India arricchita di contenuti diversi dal proprio lignaggio; inizierà così quello che sarà chiamato in seguito "Ayurveda moderno".

Charaka, Sushruta e Ashtanga Hridayam Samhita

I testi storici più autorevoli che rappresentano la letteratura classica dell'Ayurveda risalgono ai primi secoli dell'era moderna e sono tre: CHARAKA Samhita, SUSHRUTA Samhita e ASHTANGA HRIDAYA Samhita. Il primo riguarda la medicina interna, la terapia ossia "Kaya Cikitsa". (Kaya significa: che cosa, che tipo? Cikitsa significa trattamento. Quindi, che tipo di trattamento?). Il secondo testo tratta la chirurgia, ossia "Shalya o Astra Cikitsa". Il terzo testo è il compendio, il riassunto in sintesi dei primi due, il cuore degli otto arti/parti della pratica medica.

Tutte le azioni, gli atti, le tecniche, i suggerimenti e le raccomandazioni della medicina ayurvedica consentono di rafforzare il sistema immunitario finalizzato ad un'azione di prevenzione, conservazione e promozione della buona salute. L'Ayurveda quindi è considerata una medicina preventiva che con il proprio protocollo tende principalmente a prevenire le malattie, al contrario della medicina allopatica che, essendo reattiva, interviene direttamente sulla cura della malattia già manifesta. Comprende otto principali rami della medicina: pediatria, ginecologia, ostetricia, geriatria, oftalmologia, otorinolaringoiatria, medicina generale e chirurgia; ad esse viene applicata la teoria dei cinque elementi (mahabhuta), dei tridosha, e dei mala (prodotti di rifiuto del corpo), che saranno trattati a seguire nel testo.

Sistema filosofico Samkhya

A proposito delle sue origini, possiamo affermare che tutta la letteratura ayurvedica derivi dal "Sistema filosofico Samkhya", uno dei sei darshana astika di autorevolezza Vedica. Esiste infatti una stretta correlazione tra i cinque grandi elementi (mahabhuta) del darshana Samkhya e quelli descritti sui dosha nell'Ayurveda. Secondo l'antico Sistema, dalla Coscienza cosmica "Purusha" immanifesta, e dalla forza creatrice della natura, "Prakriti", i due principi universali, si generano i tre **Guna**: Satva (l'essenza), Rajas (il movimento) e Tamas (l'inerzia), ovvero le "tre tendenze ad agire della Natura stessa", dedotte soltanto per i loro effetti quando è in essere uno loro stato di squilibrio. Nel processo produttivo della creazione da Prakriti nasce Mahat, l'intelligenza cosmica, essa contiene in se tutti gli intelletti individuali; quando inizia il principio della "manifestazione" prende il nome di Buddy, l'intelletto della singola persona, il fenomeno dell'intelligenza che ha la facoltà di discriminare e decidere. Buddy genera Ahmkara, l'ego, il senso dell'io, la sede del principio dell'individuazione personale che genera tra l'altro il concetto di possesso e desiderio. Quando in Ahmkara predomina il guna Tamas si sviluppano i **Tanmatra, i cinque "elementi sottili"**, attitudini della materia, corrispondenti ai cinque organi di percezione, che sono: **suono, tatto, vista, sapore e odore**. I Tanmatra combinandosi, esprimono i cinque elementi grossolani (panchamahabhuta). Nell'origine del mondo fisico dunque gli elementi grossolani, i cinque **"mahabhuta: etere, aria, acqua, fuoco e terra"**, rappresentano l'espressione manifesta e materiale dell'intelligenza universale e si combinano tra loro per interagire nel microcosmo dell'essere umano, oltre che nel macrocosmo del sistema universale; tutto ciò che esiste in natura è prodotto dai cinque elementi, ogni cosa pertanto, animata o no, è pervasa dai Mahabhuta. Il concetto dei cinque elementi essenziali è il sostegno di tutta la scienza ayurvedica e non solo.

Lo stato immanifesto e la creazione

Secondo autorevoli testi antichi all'inizio il mondo era nello stato di coscienza immanifesta:

> *"Allora non c'era né l'Essere né il non Essere .... l'Uno respirava senza respiro con il suo stesso potere.... In principio vi era oscurità nascosta da oscurità ..... ciò che era nascosto dal vuoto, venne in essere quando l'Uno sorse attraverso il suo ardore" (129 inno del X mandala del Rig Veda: Inno alla Creazione).*

Gli antichi speculatori filosofici (Rishi) raccontano che da quello stato immanifesto emersero sottili vibrazioni che originarono il primordiale suono cosmico OM (aum), principio stesso dell'universo. In una delle interpretazioni più accreditate il simbolo <u>aum</u> rappresenta i "quattro stati di coscienza". La "a" interpreta lo stato cosciente o di veglia (jagrata-avastha), la lettera "u" lo stato di sogno (svapna-avastha), la lettera "m" lo stato di sonno profondo della mente e dello spirito (susupta-avasta). Il simbolo della falce di luna e il punto posto sopra essa rappresentano il quarto stato (turiya-avastha), ovvero quello che riunisce in sé i primi tre e li supera nel samadhi, condizione dove la comprensione della Realtà suprema viene raggiunta attraverso il totale affrancamento dalla realtà. In un'altra bella interpretazione le lettere del simbolo aum rappresentano la triade delle divinità, ovvero Brahma il creatore, Visnu il preservatore e Shiva il distruttore dell'Universo che predispone il sedime di un nuovo kalpa; l'intero simbolo indica infine il Brahman nel quale i tre si fondono. Ma molto bella è anche la terza interpretazione, nella quale le lettere corrispondono alle tre fasi del tempo: passato, presente e futuro, mentre il simbolo completo rappresenta il Creatore assoluto che supera le limitazioni del tempo.

Mahabhuta, Tanmatra, Jnanendriya, Karmendriya

Dal primordiale suono cosmico OM si manifestò quindi l'elemento Etere (Akasha), ovvero lo spazio che pervade tutto, ed esso con i suoi movimenti puri e sottili creò l'elemento Aria (Vayu); ma il movimento dell'Etere generando un fatale sfregamento originò anche il calore e la luce da cui emerse l'elemento Fuoco (Agni o Tejas). Il calore di quest'ultimo inoltre dissolse sostanze eteree in sospensione trasformandole in liquidi che rivelarono l'elemento Acqua (Jala); quando quelle sostanze si solidificarono trasformandosi in piccole particelle si generò l'elemento Terra (Prithvi). Dall'Etere quindi derivano gli altri quattro Mahabhuta e dall'energia di tutti e cinque si genera la materia, perciò l'energia e la materia non sono altro che due facce della stessa medaglia. Tramite l'elemento **Etere** si trasmette il tanmatra (elemento sottile) del **suono** che è collegato all'organo di percezione dell'orecchio, che esprime la funzione uditiva, ed a quello dell'organo di azione bocca/voce; tramite l'**Aria**, il tanmatra del **tatto** che è collegato all'organo di percezione della pelle ed a quello di azione della mano; tramite il **Fuoco**, il tanmatra della **vista** che attraverso l'organo di percezione dell'occhio si manifesta con la luce, il colore, il calore, dando luogo all'organo

di azione dei piedi; tramite l'**Acqua**, il tanmatra del **sapore** collegato all'organo di percezione della lingua che senza l'acqua non può esprimere la sua funzione, quindi all'organo di azione dell'ano (cattivo odore, secrezioni); tramite la **Terra**, il tanmatra dell'**odore** che attraverso l'organo di percezione sensoriale del naso è collegato all'organo di azione dei genitali.

Quindi i cinque elementi grossolani esistenti nella rappresentazione della natura sono presenti ed esistono anche all'interno di ogni individuo; l'Etere nel corpo umano si manifesta dal naso alla bocca, dal torace all'apparato respiratorio, dall'addome al tratto gastrointestinale, dai tessuti ai vasi linfatici, dai capillari alle cellule. L'Aria è l'elemento del movimento; all'interno del corpo umano si manifesta nella movenza dei muscoli, in quella dei polmoni, dello stomaco e degli intestini, ma anche negli impulsi del Sistema nervoso. Nel macrocosmo la sorgente del Fuoco e della luce è il Sole; nel corpo umano l'elemento Fuoco lavora per il funzionamento di tutto il metabolismo, provoca calore e genera il processo del sistema digerente, controlla i sistemi enzimatici e attraverso l'attivazione della retina percepisce anche la luce. Lacqua è vitale per il funzionamento dell'organismo, si manifesta nelle ghiandole, nelle membrane mucose, nelle secrezioni salivari ed in quelle dei succhi gastrici, ma anche nel plasma e citoplasma. La terra è la base solida in cui tutte le forme viventi trovano il loro habitat naturale; nel corpo umano si rappresenta in tutti i tessuti dathu, come la struttura ossea, quella muscolare, nell'epidermide, grasso, tendini, ecc.

Come abbiamo visto, quindi, nell'Ayurveda i cinque elementi si abbinano tra loro per creare varie funzioni fisiologiche, ed entrando come forma biologica in un organismo vivente assumono il carattere di **Dosha** con i nomi **Vata**, **Pitta** e **Kapha**, per governare, di fatto, ogni processo fisiologico. I dosha quindi non sono altro che la caratterizzazione fisica, fisiologica, attitudinale, mentale e psicologica di ogni individuo. Nella loro interrelazione, quando agiscono con una infinita quantità di elementi quali condizioni, qualità ed attributi, la proporzione tra loro che ne deriva genera di conseguenza la diversità psicosomatica e caratteriale della persona. Come in una interpretazione visionaria teatrale, quindi, nell'Ayurveda i tre dosha sono inscenati e rappresentati come figure allegoriche caratterizzate da forme protagoniste animate.

I 20 attributi opposti e la loro manifestazione

l'Ayurveda sostiene che l'intero Universo è caratterizzato dalla manifestazione dei vénti opposti, ovvero delle dieci paia di attributi o delle qualità fondamentali. Gli attributi, interagendo tra loro, caratterizzano l'intera natura del nostro universo e contengono sia energia potenziale che effetti. I due sono strettamente legati poiché l'energia degli attributi si trasforma successivamente in effetti, ovvero in azione di energia materiale, detta anche energia grigia, congelata, virtuale o nascosta. Il cosmo quindi si può definire e riconoscere come interazione di forze opposte che si manifestano mediante qualità fondamentali. Anche nell'individuo i vénti opposti producono i loro effetti giacché caratterizzano le diverse tipologie dei Dosha.

In un tempo diverso e in una regione remota, molto lontana dal subcontinente indiano, un altro filosofo di nome Eraclito di Efeso, il filosofo del "divenire", disquisiva sulla teoria degli opposti, ovvero la "legge segreta del mondo". Ciò, spiegava il filosofo, risiede nella stretta connessione dei contrari che in quanto opposti tra loro, lottano ma nello stesso tempo non potendo stare separati, vivono soltanto l'uno in virtù dell'altro. La scoperta dell'unità degli opposti, che è la stessa legge della vita, porta a ritenere che l'armonia del mondo non risieda nella conciliazione dei contrari, ovvero nel raggiungimento di una "morte quieta", bensì nel mantenimento dei conflitti: fame/sazietà, salute/malattia, giustizia/offesa, ecc.. La vita è lotta ed opposizione, un aspetto ineludibile della realtà senza il quale non ci sarebbe né vita, né essere. Eraclito definisce "dormienti" quegli uomini che si fermano alle apparenze e che, non indagando a fondo le cose, restano esclusi dalla comprensione della Legge del tutto, ossia l'armonia dei contrari.

Mutatis mutandis, vediamo ora nel prospetto che segue, quali sono questi vénti attributi secondo l'Ayurveda.

TABELLA DEI 20 ATTRIBUTI (GUNA) E LORO ESAME					
Attributi agonisti			**Attributi antagonisti**		
Qualità	Azioni	Dosha	Qualità	Azioni	Dosha
Freddo (Shita)	Crea torpore, contrazione. Banana, latte.	+Kapha, Vata – Pitta	**Caldo** (Ushna)	Digestione, purifica. Pepe nero, zenzero.	+ Pitta - Kapha, Vata
Mahabhuta	*Etere, aria, acqua, terra*		Mahabhuta	*Fuoco*	
Untuoso (Snigdha)	Crea vigore. Ghi, olio, formaggi.	+Kapha, Pitta - Vata	**Secco** (Ruksha)	Aridità, nervoso, costipazione. Orzo, pane tost	+ Vata -Pitta, Kapha
Mahabhuta	*Acqua*		Mahabhuta	*Aria*	
Pesante (Guru)	Indigestione. Carne, dolci, fritti	+ Kapha - Vata,Pitta	**Leggero** (Laghu)	Digeribilità, freschezza.Riso soffi.,pop corn	+ Vata, Pitta - Kapha
Mahabhuta	*Terra, acqua*		Mahabhuta	*Etere, aria, fuoco*	
Grossolano (Sthula)	Ostruzione, obesità. Burro, carne	+ Kapha - Vata, Pitta	**Sottile** (Sukshma)	Emozioni, sentimenti. Alcool	+ Vata, Pitta - Kapha
Mahabhuta	*acqua, terra*		Mahabuta	*etere, aria, fuoco*	
Denso (Sandra)	Solidità, forza. Sciroppi, acqua e zucchero	+ Kapha - Vata, Pitta	**Liquido** (Drava)	Compassione, salivazione. Sostanze liquide	+Pitta, Kapha – Vata
Mahabhuta	*Terra*		Mahabhuta	*Acqua, fuoco*	
Statico (Sthira)	Costipazione, sostegno. Bucce d'uovo, carne	+ Kapha - Vata ,Pitta	**Mobile** (Chala)	Instabile, nessuna fede. Sostanze lassative	+ Vata, Pitta - Kapha
Mahabhuta	*Acqua, terra*		Mahabhuta	*Aria, fuoco*	
Lento (Manda)	Pigrizia, ottusità. Grassi, burro, ghi	+ Kapha - Vata, Pitta	**Penetrante** (Tikshna)	Comprensione, acutezza. Pepe, cibi speziati	+ Pitta, Vata - Kapha
Mahabhuta	*Acqua, terra*		Mahabhuta	*Aria, fuoco, a*cqua	
Morbido (Slakshna)	Affabilità, amabilità. Miele	+ Kpha,Pitta - Vata	**Ruvido** (Khara)	Insensibilità, rigidità. Datteri secchi, noci acerbe	+Kapha, Vata - Pitta
Mahabhuta	*Acqua*		Mahabhuta	*Etere, aria*	
Tenero (Mridu)	Delicatezza, amore. Banana, mela, burro, ghi	+ Kpha,Pitta - Vata	**Duro** (Kathina)	Egoismo, forza. Mandorle, noce di Betel	+Kapha, Vata - Pitta
Mahabhuta	*Acqua*		Mahabhuta	*Etere, aria, acqua, terra*	
Chiaro (Vishada)	Pacifica, isolamento, digressione.	+ Vata, Pitta - Kapha	**Opaco** (Picchila)	Diminuisce percezione e chiarezza.	+ Kapha - Vata, Pitta

	Erbe scivolose			Psillium	
Mahabhuta	*Etere*		Mahabhuta	*Acqua*	

Prakruti e Vikruti

La costituzione doshica dell'uomo al momento della sua nascita prende il nome di **PRAKRUTI**. Secondo l'Ayurveda la relazione ed il rapporto in cui si trovano i tre Dosha al concepimento di un individuo rimangono immutati sino alla sua morte. Essa, la relazione, viene determinata da fattori genetici in base all'impronta e la trasmutazione dei cinque elementi presenti nel seme e nell'ovulo dei genitori biologici al concepimento, cioè in relazione allo stato dei dosha nel corpo del padre e della madre. Gli altri fattori che influenzano in modo indelebile la configurazione doshica al momento della fecondazione sono: 1) Lo stato mentale, le emozioni, i sentimenti; le intenzioni, ovvero il rapporto consumato per piacere, dovere, paura, rabbia; i mutamenti nell'ambiente chimico, ovvero Ph, viscosità, flusso sanguigno, temperatura. 2) Caratteristiche ereditarie familiari, come obesità, atletismo, attitudini scientifiche o artistiche, tutti possono influenzare la combinazione doshica. 3) Dieta ed attività quotidiane della madre durante la gravidanza, ogni cosa verrà registrata nel corredo doshico del nascituro. Le emozioni ed ogni argomento negativo dovranno essere evitati il più possibile. 4) Condizioni dominanti nell'utero durante la gravidanza, i traumi risulteranno ovviamente negativi. L'Ayurveda, di conseguenza, raccomanda alle coppie che desiderano avere figli di sottoporsi ad una terapia di completa purificazione che elimini preventivamente ogni eccesso doshico, deleterio per il nascituro. Sulla base di quanto sopra perciò i tre dosha sono responsabili delle differenze e delle diversità tra le persone e ne condizionano di fatto lo stato psicofisico. Ogni qual volta in un definito momento si determini uno spostamento dei dosha che comporti una modificazione dello stato fisico, mentale, psicologico o comunque della configurazione tridoshica stabilita nella Prakruti, si genererà di conseguenza un relativo squilibrio, un accumulo in eccesso, ovvero lo sbilanciamento dei tre "vizi/umori"; tutto ciò darà origine a **VIKRUTI**.

Vikruti è la condizione "temporale" di uno stato di "salute carente" che influenza conseguentemente la condotta dell'individuo ed è espressione di eccesso o insufficienza. Questo requisito può cambiare di giorno in giorno o da periodo a periodo, ed i fattori principali che possono influenzare o condizionare tale stato sono: il cibo da cui dipende la qualità del sangue e da esso tutto il resto del nostro corpo, lo stato del Ph sui fluidi corporei, l'esposizione e il condizionamento climatico, le energie interiori al momento presenti, l'ambiente sociale in tutti i suoi aspetti, l'alloggio corrente, il lavoro, l'attività fisica e mentale, la felicità personale, oltre naturalmente alla particolare azione di agenti strettamente patogeni. Ne deriva che i **"segnali"** concreti di natura psico-fisica più significativi e ricorrenti riguardano la febbre, le infezioni, le eliminazioni urinarie e fecali, le funzioni immunitarie, il peso, l'appetito, l'affaticamento, ed ancora, l'umore, il comportamento sociale, l'emotività, le attitudini e le ossessioni. La nostra vita è caratterizzata da una continua **generale digestione** che avviene tramite l'azione di **"Agni"**, il fuoco digestivo, ovvero il metabolismo, che non riguarda soltanto la trasformazione del cibo nell'apparato digerente, bensì anche le cellule, le emozioni, la mente e lo spirito, con conseguenze dirette, ma anche inverse. Ogni sostanza all'interno della totalità dell'organismo subisce una digestione che deve essere necessariamente regolare anche nelle emozioni e nell'intelletto. Una indigestione alimentare può portare disturbi allo stomaco, fegato, intestino, ma anche mal di testa, indolenza, indifferenza, cattivo umore, e viceversa. Tutto ciò genera tossine **Ama** che in Ayurveda possono essere eliminate od attenuate tramite trattamenti di purificazione denominati **"Pancha Karma"**, oppure mediante massaggio con olio (Abhyangam) ed altre purificazioni del corpo che ne fanno ineludibile corollario, come il Dhara Karma, la colatura di vari oli sul viso, l'Anna Lepa e Pinda Sveda, ovvero piccoli colpetti sul corpo eseguiti con sacchetti caldi colmi di riso medicato con erbe o altre sostanze aromatiche e medicamentose (fomentazione). Ambedue i temi verranno sviluppati nei successivi paragrafi di questo libro. I testi ayurvedici affermano che Ama è freddo, pesante, umido e deve essere trattato con le qualità del calore e della leggerezza, come i gusti amaro (leggero), pungente (caldo), astringente (recupera i tessuti danneggiati).

Mala, i prodotti di rifiuto

I veri e propri *prodotti di rifiuto* del corpo sono invece i **Mala** che corrispondono alle feci (purisha), urine (mutra) e sudore (sveda); la loro espulsione regolare è fondamentale per il buono stato di salute **(swastya)** di tutto l'organismo. I prodotti di rifiuto secondari sono la secrezione nei genitali, nelle orecchie, nel naso, nella bocca e negli orifizi in generale. Il termine Mala deriva dalla radice sanscrita "mal" che significa oscurare, macchiare. L'urina e le feci durante il processo digestivo si formano nell'intestino crasso e mentre l'urina viene trasportata verso i reni per procedere nella vescica dopo filtrata, le feci vengono condotte al retto per l'espulsione; il sudore invece viene secreto attraverso i pori della pelle. Quantunque questi prodotti di rifiuto siano sostanze da espellere, la loro funzione possiede anche caratteristiche benefiche per il nostro organismo. Nella giusta quantità anche i Mala sostengono e nutrono il corpo, hanno un ruolo di supporto quando sono ancora nell'organismo e vengono successivamente espulsi allorché la loro funzione di supporto si esaurisce. Vediamo di seguito quali sono questi benefici. Le feci che permangono dopo la digestione contengono sostanze nutritive che vengono trasmesse successivamente all'organismo attraverso i tessuti intestinali, e quando il nutrimento è stato assorbito, le escrezioni private delle sostanze benefiche vengono definitivamente espulse. Questo prodotto di rifiuto dona anche forza e tono all'intestino crasso poiché senza esso l'intestino stesso crollerebbe; per esempio, se un organismo fosse affetto da diarrea, con conseguente continua evacuazione, potrebbe resistere non oltre quindici giorni giacché, successivamente, ne deriverebbe la morte. Di contro, nel caso della costipazione, l'organismo potrebbe resistere a lungo, pur accusando disturbi come gonfiore, dilatazione, dolori, flatulenza, mal di testa. Le feci prodotte in una quantità scarsa possono generare sofferenza al fondo schiena, debolezza, ipoglicemia, osteoartrite, asma, sofferenza addominale; secondo l'ayurveda le feci sono caratterizzate dall'elemento (mahabhuta) Terra. Il prodotto di rifiuto delle urine, costituito dai mahabhuta Acqua e Fuoco, aiuta a mantenere la normale concentrazione di elettroliti nei fluidi corporei, rimuovendo il sale, l'acqua e le scorie azotate dell'organismo. Le sostanze che stimolano le minzioni sono il caffè, il the, l'alcool; un colore giallo scuro può diagnosticare l'insorgenza di febbre, mentre quello di colore verde può essere causato da una irregolare secrezione di bile. Un aumento del Mala urine può aiutare ad indagare sull'infezione del tratto urinario oppure una disfunzione della vescica; una diminuzione delle urine può invece diagnosticare l'insorgenza di calcoli renali, una sete cronica, una sofferenza addominale, una ritenzione idrica dovuta al trattenimento dell'acqua nei tessuti, con conseguenti influenze sul sangue che aumenterà la propria pressione sistolica; quindi, anche il prodotto di rifiuto delle urine può regalare inaspettati benefici al nostro organismo. L'urinoterapia promossa su antichi accreditati scritti della scienza ayurvedica segnala che questo prodotto di scarto rappresenta un naturale purgativo che depura, facilita l'espulsione dei mala fecali e aiuta le azioni post enzimatiche nell'intestino; se i proseliti ortodossi della medicina ayurvedica bevono quotidianamente a digiuno un bicchiere della propria urina raccolta dalla loro minzione, questo li aiuterà a depurare e disintossicare il proprio organismo e a migliorare l'elasticità della pelle (in tempi moderni questa procedura, sconsigliata, tipica di un processo civile più antiquato, ovviamente è caduta ormai in disuso). Anche il sudore, come i due precedenti Mala, ha le proprie peculiarità. Va subito detto che eccessive minzioni urinarie provocano riduzione di sudore, come una eccessiva sudorazione può generare una rilevante diminuzione delle urine; ne consegue pertanto che i due dovranno coesistere nel dovuto equilibrio equanime. Una regolare eliminazione di questa sostanza regalerà al corpo benessere non solo fisiologico ma anche emotivo. Il sudore è importante per mantenere il giusto grado di calore nel corpo, offre morbidezza, elasticità e giusta consistenza a tutta l'epidermide, mantiene inoltre una equilibrata robustezza ed una giusta sensibilità dei follicoli piliferi e dell'intero tessuto epiteliale, evita inoltre le screpolature. Un aumento può provocare dermatiti, prurito, odore corporeo, desiderio smodato di bevande gelate, spesso gasate, e temperatura corporea bassa; una rilevante riduzione della sudorazione invece genererà pelle secca, sensazioni di bruciore, probabili emicranie, temperatura corporea alta, ed una generalizzata "siccità" in tutto l'organismo. Ricordiamo che il sudore è caratterizzato dall'elemento Acqua. Le mestruazioni invece appartengono ai Mala secondari e seppur considerate tra i prodotti di scarto hanno ugualmente la loro funzione costruttiva; le cellule invecchiate del sangue che vengono distrutte durante il periodo mestruale contengono una considerevole quantità di ferro che può essere riassorbita e riutilizzata nei tessuti per dare nuova struttura all'intero organismo che le ha generate.

Lo scopo principale dell'Auyrveda, pertanto, è quello di ristabilizzare tutti gli equilibri psicosomatici perduti che hanno originalmente caratterizzato Prakruti. Nelle forme biologiche i dosha hanno lo scopo di caratterizzare Prakruti; Prakruti durante la sua esistenza insegue costantemente la realizzazione di due sogni: affrancare Vikruti, eludendola, e ritrovare finalmente Swastya perduto. Questo è il sedime teatrale della crescita, dell'esistenza e del mantenimento, Ayurveda è il palcoscenico di questa rappresentazione!

L'essere umano è una minuta rappresentazione dell'Universo e contiene in sé tutto ciò che compone il mondo circostante. Abbiamo stabilito che secondo l'Ayurveda ed altre dottrine induiste il Cosmo è composto dai cinque elementi basilari terra, acqua, fuoco, aria ed etere, e come accennato, quando essi entrano nella biologia di un organismo vivente acquistano anche una forma biologica. Abbiamo poi visto che nell'Ayurveda essi sono codificati entro tre forze energetiche che governano ogni processo vitale del corpo e della mente e si manifestano attraverso tre *Dosha.*

I tridosha: Vata, Pitta, Kapha

I dosha si trovano in ognuno di noi e caratterizzano la nostra persona in base alla loro predominanza, il loro peso quantitativo e qualitativo determina la differenza che esiste in ogni individuo, distinguendone quindi la diversità psicosomatica e caratteriale in maniera unica ed irripetibile.

Uno stato di equilibrio delle tre energie genera salute, mentre la disarmonia dovuta singolarmente ad eccesso o carenza genera squilibrio e manifesta di conseguenza disturbi e malattie. Dal momento che i tre dosha tendono singolarmente a prevalersi l'un l'altro, in modo convenzionale si afferma che le relative energie, quando si contendono, "viziano, disturbano" lo stato di equilibrio; da questo, appunto, il loro secondo nome *"vizio"*, od anche *"umore corporeo"*.

I tridosha governano le attività metaboliche dell'individuo e mentre l'anabolismo caratterizza Kapha e la crescita, il metabolismo caratterizza Pitta ed il mantenimento, il catabolismo invece caratterizza Vata ed il deterioramento. Tutti e tre gli stati del metabolismo sono determinati anche dall'età anagrafica del soggetto. L'alternanza dei dosha si può ritrovare anche nelle variazioni stagionali: l'autunno è dominato da Vata, l'inverno da Kapha e l'inizio della primavera fino all'estate da Pitta.

Vata, dunque, è composto dagli elementi Etere + Aria, è creato da Prana ed è caratterizzato dall'energia cinetica, governa il principio dell'aria e del movimento nel corpo e nella mente. La sua sede principale è il *colon.*

Pitta è composto dagli elementi Acqua + Fuoco, è creato da Tejas ed è l'energia del metabolismo, la sua qualità è il calore. La sua sede principale è lo *intestino tenue.*

Kapha è composto dagli elementi Terra + Acqua, è l'energia della coesione, il principio della fluidità e della lubrificazione, rappresenta lo sviluppo e la solidità della struttura, l'acqua biologica è il suo fondamentale costituente, è caratterizzato dal muco presente nelle varie parti dell'organismo. La sua sede principale è il *torace e lo stomaco.*

In un individuo la costituzione Prakruti può essere caratterizzata da una delle seguenti sette tipologie: Vata, Pitta, Kapha, Vata+Pitta, Pitta+Kapha, Vata+Kapha e Vata+Pitta+Kapha ovvero il Samadosha nello stato di equilibrio.

Rasa, Virya, Vipaka, Prabhava

La farmacologia Ayurvedica è basata sui concetti appena citati. Quando il cibo (ahara) viene a contatto con la lingua umida di saliva si ha l'esperienza del "gusto" **Rasa**; quando una sostanza viene inghiottita ed entra nello stomaco, a seconda del cibo ingerito, determina una "energia" calda o fredda producendo successivamente nel corpo un effetto riscaldante o rinfrescante, questa energia viene detta **Virya**; dopo la digestione gli alimenti sono soggetti ad una "azione" detta **Vipaka** che rileva quali effetti il cibo può produrre nel corpo ed è ricollocabile alle sensazioni del gusto Rasa a seguito dei tre "stadi" della digestione: sarà *dolce* per la liquefazione del cibo nello stomaco e questo aumenterà Kapha; sarà *acido* per la acidificazione ad opera di succhi ed enzimi gastrici e questo aumenterà Pitta; sarà *pungente* per l'alcalinizzazione del cibo ad opera di secrezioni biliari, pancreatiche e intestinali e questo aumenterà Vata. Dopo Vipaka esiste una sorta di scheggia impazzita, una ulteriore azione dell'organismo molto singolare, di natura incomprensibile, che manifesta il comportamento inusuale di alcune sostanze, una potenza speciale detta appunto "eccezione", capace di creare proprietà riscaldanti o raffreddanti contrarie a quelle determinate da Virya dopo l'assunzione del cibo. Per fare un esempio si può addirittura verificare che una sostanza avente rasa, virya e vipaka uguali, determini nell'organismo un'azione diversa, come l'esempio dei semi di Plantago psyllium (facilmente reperibili nei negozi indiani o bangladesi), che se consumati con lo yogurt contribuiscono a contenere la diarrea, ma se invece vengono assunti con acqua calda aiutano ad ostacolare la costipazione delle feci. Questa singolare azione si chiama

Prabhava. Come vedremo successivamente, tutte queste classificazioni sono estremamente importanti nella descrizione delle tipologie tridosha, specialmente sugli sviluppi delle loro interrelazioni. Abbiamo detto quindi che la medicina ayurvedica, poiché si basa sull'alimentazione dell'individuo, classifica i cibi secondo i loro sapori (Rasa) dai quali si determinano le conseguenti energie (Virya) che possono essere "calde" o "fredde"; esse di fatto danno forza e sono fondamentali per il mantenimento del corpo poiché stabiliscono quale assunzione di cibo debba o possa essere fatta anche in relazione allo stato di salute rilevato. Nel caso in cui la digestione sia sofferta, parte delle energie andrebbe a supportare quel preciso stato di malessere; si perderebbe però anche la forza che invece potrebbe essere di supporto all'organismo, qualora, al momento della patologia manifesta, ci fosse stata invece una corretta digestione. Ecco perché la giusta alimentazione è, e resta, il "core" di tutto il processo.

I sei gusti su alcuni alimenti in funzione delle loro azioni

Il gusto del cibo viene identificato dalla lingua, necessariamente bagnata dalla saliva, e viene trasmesso direttamente al Sistema Nervoso Centrale che determina quale *grasso, proteina o carboidrato* sia stato ingerito, onde *sceglierne* successivamente lo specifico *enzima* che deve essere secreto per una giusta digestione. La lingua ha una propria "mappatura", è un *trasmettitore* che identifica i sapori secondo la specifica disposizione delle aree sensoriali ubicate sulla sua superficie: il "dolce" viene percepito sulla punta, subito dietro c'è il "pungente" (piccante), alla sinistra e destra dei primi due si trova "l'aspro", dietro il pungente si trova "l'amaro" ed a sinistra e destra di questo c'è il "salato", per ultimo in tutta la larghezza della lingua e dietro l'amaro resta "l'astringente". Abbiamo così identificato i sei sapori che ricapitolando sono: **dolce** (energia fredda, costituita dagli elementi terra+acqua), **pungente** (calda, costituita da fuoco+aria)**, aspro** (calda, costituita da terra+fuoco), **amaro** (fredda, costituita da aria+etere), **salato** (calda, costituita da acqua+fuoco), **astringente** (fredda, costituita da aria+terra).

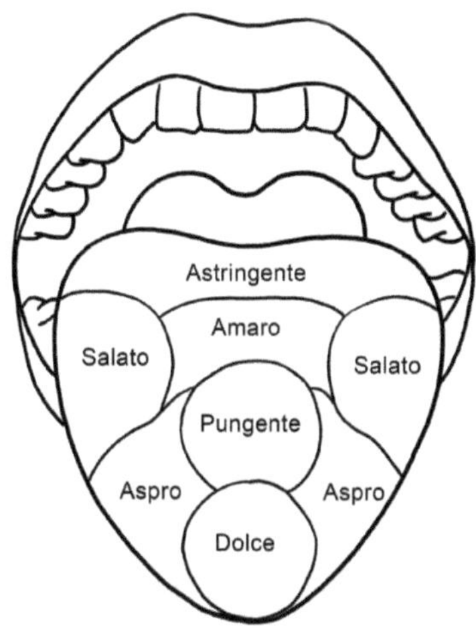

In una sana alimentazione le energie calda/fredda dovranno essere bilanciate evitando gli eccessi, tenendo conto anche dell'ambiente esterno. Va ricordato che a fine pasto, per esempio, una energia fredda e pesante come il dolce potrà condizionare negativamente la digestione nello stomaco, che ricordiamo per la sua efficienza esige forte calore. I *segnali* relativi ai sapori provenienti dalle varie aree della lingua sono intercettati dalle fibre nervose *attraverso i nervi craniali*; successivamente gli impulsi sono diretti verso il *cervello* mediante il sistema nervoso centrale. Il gusto è originato dall'esperienza di colui che mangia e si percepisce prevalentemente nella bocca e non dal cibo; è la lingua che cataloga e memorizza il sapore; lo stesso cibo in una persona diversa può dare percezioni diverse. Un esempio significativo è quando si mangia una mezza mela e dopo aver mangiato un cucchiaio di miele, successivamente, se ne mangia la seconda metà ; le due mezze mele non trasmetteranno lo stesso grado zuccherino. Ricordiamo che le energie calde (pungenti, aspre e salate) se eccessive possono inasprire Pitta, mentre diminuiscono l'eccesso di kapha e Vata.

Riportiamo di seguito un esempio dei gusti su alcuni alimenti in funzione delle loro azioni.

Tipo di Gusto: DOLCE (terra+acqua)			
Alimenti	Effetto	Malessere	Azione dosha
Zucchero, latte, datteri,canditi,uova radice di liquirizia, frumento, grano, carne, banane, riso menta, mandorle	Anabolico, freddo, nutriente e calmante, lubrificante, allevia la sete, aumenta latte materno	Pesantezza, obesità, letargia, perdita appetito, sonnolenza, artrite, diabete, disturbo sistema urinario	Migliora Vata e Pitta; peggiora Kapha.
Qualità: pesante, untuoso, freddo		**Proprietà**: rinfrescante	

Tipo di Gusto: ASPRO (terra+fuoco)			
Alimenti	Effetto	Malessere	Azione dosha
Formaggi, yogurt, limone e agrumi, tamarindo, uva verde, ibisco, rosa canina, pomodori, aceto	Anabolico, stimola l'appetito e digestione, se preso in piccole quantità provoca secrezione e salivazione, migliora gli organi sensoriali, migliora l'intelletto. Caldo,leggero,oleoso.	Bruciore di stomaco, acidità, aumenta la possibilità di ulcere, la tossicità del sangue e la sensibilità della dentatura, promuove la sete.	Migliora Vata; peggiora Pitta e Kapha.
Qualità: caldo, untuoso, leggero		**Proprietà**: riscaldante	

Tipo di Gusto: SALATO (terra+fuoco)			
Alimenti	Effetto	Malessere	Azione dosha
Sale marino, salgemma, soda e sali in generale, salsa di soia, alghe, sedano	Anabolico, attiva la salivazione e digestione, lassativo, genera la ritenzione idrica. Caldo, pesante, oleoso.	Infiammazioni, ipertensione, foruncoli e malattie della pelle, esantema, disordini del sangue, ulcera.	Migliora Vata; peggiora Pitta e Kapha.
Qualità: untuoso, pesante, caldo		**Proprietà**: riscaldante	

Tipo di Gusto: PICCANTE (fuoco+aria)			
Alimenti	Effetto	Malessere	Azione dosha
Peperoncino rosso, zenzero, pepe di Cayenna, aglio, cipolla, assafetida, ravanello, senape, pepe nero	Catabolico, favorisce il potere digestivo, purifica il sangue, allevia le patologie dell'epidermide, coagulante. Caldo, oleoso.	Bruciore nello stomaco e nella gola, genera sudorazione, piccole lesioni della mucosa dell'apparato digerente esposta ai succhi gastrici, (ulcera), dolori alla pelvi.	Migliora Kapha; peggiora Vata e Pitta.
Qualità: caldo, secco, leggero		**Proprietà**: riscaldante	

Tipo di Gusto: AMARO (aria+etere)			
Alimenti	Effetto	Malessere	Azione dosha
Radice di curcuma, genziana e tarassaco, cardo (carciofo selvatico), cicoria, rabarbaro, fieno greco, melanzane, radicchio, caffè, sesamo	Catabolico, allevia il prurito della pelle e il bruciore in generale, è anche antitossico, lavora come germicida, ostacola febbre e mal di gola. Freddo, leggero.	Aumenta nettamente Vata poiché genera secchezza e ruvidità, provoca nell'individuo un aspetto emaciato, promuove la produzione di liquido seminale.	Migliora Pitta e Kapha; peggiora Vata.
Qualità: leggero, freddo, secco		**Proprietà**: rinfrescante	

Tipo di Gusto: ASTRINGENTE (aria+terra)			
Alimenti	Effetto	Malessere	azione dosha
Melagrana,curcuma, mirra, banane verdi, allume, carciofo, legumi, frutta acerba, idraste (erbacea dalle	Catabolico, agisce sulla coagulazione del sangue e la contrazione dei vasi, è sedativo, elimina tossine sotto pelle,	Stitichezza, costipazione, asciuga la bocca, se in eccesso crea gonfiore all'addome	Migliora Pitta e Kapha; peggiora Vata.

caratteristiche antinfiammatorie, vasocostrittore, emostatiche e ipertensive), basilico	limita la diarrea. Ruvido, secco, freddo. Virya leggera.		
Qualità: freddo, secco, pesante		**Proprietà**: rinfrescante	

Vale la pena sottolineare che l'ordine della esposizione dei gusti sopra elencati, vuole anche indicare la quantità di vigore che il gusto stesso apporta al corpo, così dal gusto dolce che arreca maggiore potenza si andrà man mano scemando sino ad arrivare a quello astringente che è caratterizzato da minore energia.

Poiché la tipologia dei gusti è relazionata a specifici organi del nostro corpo, un eccesso può facilmente provocare disturbi ed alterazioni:

- l'eccesso di dolce danneggia la milza ed il pancreas
- l'eccesso di aspro danneggia il fegato
- l'eccesso di salato danneggia i reni
- l'eccesso del pungente danneggia e asciuga i polmoni
- l'eccesso di amaro danneggia il cuore
- l'eccesso di astringente danneggia il colon

Prospetto delle caratteristiche di Rasa, Virya e Vipaka

Nel prospetto che segue sono riportate complessivamente ed in modo esaustivo tutte le caratteristiche specifiche di Rasa, Virya e Vipaka.

RASA	**Qualità**	**VIRYA**	**caratter.**	**caratter.**	**VIPAKA**
DOLCE	Pesantezza	Fredda	Umida	Pesante	Dolce
ASPRO	calore-pesan	Calda	Umida	Pesante	Aspro
SALATO	Calore	Calda	Umida	Pesante	Dolce
PUNGENTE	Calore	Calda	Secca	Leggera	Pungente
AMARO	Leggerezza	Fredda	Secca	Leggera	Pungente
ASTRINGENTE	Pesantezza	Fredda	Secca	Leggera	Pungente

La corretta combinazione dei cibi ed il loro nemico Ama

Nella normale vita quotidiana l'alimentazione viene molto spesso trascurata, non soltanto per la genuinità del cibo ingerito o per il carico delle proteine, grassi e carboidrati assunti, ma anche per la giusta combinazione che essi dovrebbero avere in funzione del metabolismo e del fuoco digestivo Agni. Come detto, il singolo alimento possiede proprietà come il Rasa, il Virya, il Vipaka ed il Prabhava le cui funzioni, nell'organismo che le ospita, necessitano di una corretta elaborazione che le renda legate da una "cordiale compiacenza". Quando vengono ingerite nell'organismo sostanze con caratteristiche opposte, il sistema digestivo, in particolare Jatharagni, potrebbe risultare disturbato dal sovraccarico, impedendo o limitando la regolare emissione di specifici enzimi che normalmente il cervello avrebbe potuto individuare e stabilire tramite l'azione del Sistema nervoso centrale. Qualora questo regime alimentare perdurasse, tutto ciò originerebbe una spiacevole produzione di "tossine Ama", che se non eliminate rapidamente, potrebbero causare sgradite sintomatologie sui tessuti (Dathu), ostacolati nel loro processo di trasformazione dall'ostruzione dei canali dell'alimentazione e della energia (Srota). Tutto ciò, naturalmente, sfocerebbe in una vera e propria patologia.

Le tossine Ama

Ama si materializza come sostanza appiccicosa, di colore scuro e maleodorante. Queste tossine depositandosi nel tratto gastrointestinale vengono riassorbite unitamente alle sostanze nutrienti del cibo, penetrando in seguito nei tessuti Dathu, di conseguenza tutto il sistema immunitario viene indebolito. Le conseguenze riguardano i disturbi di indigestione, pesantezza, alito cattivo, odore sgradevole, feci dure o diarrea, artrite, tosse, asma, congestione, gas intestinali, fegato e pancreas sofferenti; se la lingua si copre di una patina bianca e spessa ci sono problemi nello stomaco, nell'intestino tenue e nel colon. Ama quindi è l'origine di tutte le malattie, che non riguarderebbero soltanto l'aspetto fisiologico, ma anche quello della sfera psicologica, ovvero le cosiddette emozioni represse come rancore, rabbia, odio, ansietà, avidità, paura, desiderio, letargia, depressione, insoddisfazione, incoerenza. Tutte questi stati d'animo bloccati, quindi, debbono essere immediatamente liberati poiché se ristagnano circoscritti nelle mente, generano tossine aggiuntive e causano disturbi ulteriori nella bile, nello stomaco, nella cistifellea, nel fegato e intestino crasso, ma possono anche causare congestione, affanno e ipertensione. L'ayurveda e la disciplina yoga raccomandano che le emozioni siano osservate con distacco e lasciate scivolare facendole disciogliere ove possibile; questo potrà essere favorito con la meditazione, il pranayama che coinvolga l'addome, e più materialmente con la liberazione delle spinte corporee come la flatulenza, starnuto, tosse, eruttazione, ecc.. Per quanto possibile, sarà consigliabile evitare di lasciarsi coinvolgere e condizionare da cose o eventi negativi, catturati anche involontariamente in ambienti esterni; sarà necessario filtrarli e cercare di equilibrare gli impulsi immediatamente dominanti, affrancando la mente esposta a quelle gravose influenze.

Nell'ambito dell'Ayurveda, il blocco delle emozioni represse precedentemente descritto, oltre a creare i danni appena citati, genera anche un reale aumento della ipersensibilità e dell'allergia verso cibi che aggravano la genetica della costituzione doshica, come è il caso di Pitta e Vata che, per quanto ne sappiamo, sono già caratterialmente vulnerabili alle forti emozioni

Quindi le emozioni represse dovranno essere isolate; ma se un buono stato di salute si ottiene da un buono stile di vita, il pranayama resta uno degli elementi fondamentali per raggiungere facilmente quell'obiettivo. A proposito del pranayama, potrà essere utile al lettore conoscere i volumi polmonari e le capacità respiratorie del nostro organismo, anche allo scopo di poter meglio utilizzare l'intero sistema respiratorio, finalizzato principalmente alla buona ossigenazione del sangue, che resta essenziale per la completa salute di tutto il nostro corpo.

Pranayama, volumi polmonari, capacità polmonari

La parola "prana" nella scrittura devanagari (deva=divino; nagara=della città; la scrittura della città divina) successiva al sanscrito, ha diversi significati come soffio, vita, respirazione, fiato, energia, vento, forza; la parola "ayama" invece significa espansione, lunghezza, controllo; nel nostro caso la interpreteremo come espansione del respiro. Normalmente un atto respiratorio viene concluso in un tempo pari a circa 4-5 secondi, equivalenti a 15-12 respiri ogni minuto; questo tempo però è in funzione di diversi fattori, come lo stato emotivo, la digestione, il peso, l'altezza, il sesso, l'età, l'attività fisica in quel momento, ecc.

Il volume polmonare è la quantità di aria interessata alla respirazione; vediamo la tabella che segue.

VOLUMI POLMONARI		
TIPOLOGIA	**DESCRIZIONE**	**QUANTITA'**
Volume corrente	È il volume di aria che inspiriamo ed espiriamo normalmente	ml 500
Volume riserva inspiratoria	È l'aria addizionale oltre una normale inspirazione	ml 3.300
Volume di riserva espiratoria	È l'aria addizionale rilasciata oltre la normale espirazione	ml 1.000
Volume residuo	È l'aria che resta nei polmoni	ml 1.200

Le capacità polmonari corrispondono alla somma dei volumi polmonari; vediamo anche questa tabella.

CAPACITA' POLMONARI		
TIPOLOGIA	**DESCRIZIONE**	**QUANTITA'**
Capacità vitale	È il volume corrente + volume di riserva inspiratoria + volume di riserva espiratoria	ml 500 + 3.300 + 1.000 = ml 4.800
Capacità polmonate totale	È la somma di tutti i volumi polmonari	ml 500 + 3.300 + 1.000 + 1.200 = ml 6.000

Capacità inspiratoria **(restrittiva del respiro yogico)**	È il volume di riserva inspiratoria + volume corrente	ml 3.300 + 500 = ml 3.800
Capacità residua funzionale	È il volume di riserva espiratoria + il volume residuo	ml 1.000 + 1.200 = ml 2.200
Spazio morto anatomico	È il volume di aria che riempie le vie aeree, ovvero i passaggi nasali: faringe, laringe, trachea, bronchi primari e i rami dell'albero bronchiale che porta agli alveoli. Questo volume della capacità di 150 ml d'aria, non trasporta ossigeno nel sangue e neanche anidride carbonica dal sangue. Quindi per un volume corrente di 500 ml, soltanto 350 ml di aria fresca raggiungerà gli alveoli.	ml 150

Il Pranayama è un tema estremamente vasto, tanto che per descriverlo in modo esauriente richiederebbe addirittura un intero volume. Nella dottrina yoga esso rappresenta l'elemento fondamentale su cui si impernia ogni tipo di attività, da quella meditativa e spirituale a quella più attiva che si pratica negli Asana, nei Bandha, nella kundalini, nei Mudra. Secondo i testi antichi il Prana, ovvero l'energia sottile, è distribuito nel corpo attraverso migliaia di canali denominati "Nadi", di concezione metafisica, il cui termine significa anche flusso, ruscello; i principali sono tre: Ida, Pingala e Sushumna. Il primo è collegato alla narice sinistra e rappresenta l'energia femminile simboleggiata da Chandra, la luna; esso governa la creatività, la riflessione, la concentrazione e tutte le attitudini psicologiche legate a quel sesso. Pingala nadi invece è collegata alla narice destra, rappresenta l'energia maschile e solare, Surya, e governa tutte le attività fisiche, la ragionevolezza, l'atteggiamento egoico ed estroverso, ma anche tutte le attitudini psicologiche legate a quel sesso. Nella normale respirazione un individuo effettua circa 900 respirazioni in un'ora nelle quali 890 hanno prevalenza sull'una oppure sull'altra narice, in modo alternato. Questa selezione si determina ad opera del Sistema nervoso autonomo, ed è quasi sempre impercettibile. Le restanti 10 respirazioni su 900, quindi, sono quelle nelle quali Ida e Pingala agiscono contemporaneamente. Quando ciò avviene si attiva la terza nadi , ovvero Sushumna, che contiene al suo interno Brahma nadi; in questa nadi scorre successivamente l'energia spirituale, tanto ricercata nello Yoga, nel Tantra e in tutto il panorama olistico. Soltanto il Pranayama, praticato opportunamente, sarà in grado di attivare l'elevazione di questa energia dormiente nella Kundalini, essenziale come detto nella cultura Tantrica. Considerato veicolo di preferenza il pranayama è il mezzo utilizzato all'interno delle quattro vie fondamentali dello yoga indirizzate verso l'autorealizzazione, ovvero l'unione del Sé individuale con l'Assoluto. A proposito di questo, i marga principali (strada, via, percorso), lo ricordiamo, sono: 1) Jnana yoga, il sentiero della saggezza attraverso lo studio e la meditazione in direzione della conoscenza; 2) Bhakti yoga, il sentiero della devozione attraverso la preghiera e la venerazione; 3) Karma yoga, il sentiero dell'azione disinteressata che trascende il proprio Sé; 4) Raja yoga, il sentiero regale della realizzazione spirituale che secondo Patanjali si ottiene attraverso l'Ashtanga yoga, le otto braccia dello yoga: yama, niyama, asana, pranayama, pratyhara, dharana, dhyana e samadhi che rappresenta il fine ricercato. Pranayama quindi si può definire senza dubbio la scienza del respiro intorno al quale si articola la vita diretta verso una più alta spiritualità, ma è legittimo consideralo anche un'arte oltre che un semplice bisogno fisiologico e mistico.

Dunque, in questo testo ci limiteremo a dare soltanto una indicazione delle diverse metodologie di respirazione, con un breve accenno alle tecniche utilizzate. Le parole sanscrite che spesso vediamo ripetere nei testi classici sono: puraka, rechaka, kumbhaka, antara-kumbhaka, bahira-kumbhaka, il loro significato, rispettivamente è: inspiro, espiro, sospensione, sospensione a polmoni pieni, sospensione a polmoni vuoti. Questo breve accenno potrà essere utile qualora il lettore, durante la lettura di qualche testo antico, dovesse riscontrare questi termini chiedendosene il significato.

Metodologie e tecniche di respirazione

Questo capitolo descrive le metodologie più utilizzate nella disciplina yoga e non solo.

Kapalabhati

Kapala + Bhati, la traduzione dal sanscrito lo definisce "cranio lucente". La rilevanza del Kapalabhati è descritta nei testi di riferimento del Gheranda Samhita ed Hathayoga-Pradipika. E' un esercizio respiratorio altamente enercizzante, la cui tecnica prevede una rapida retrocessione del ventre mediante la muscolatura addominale, con una conseguente azione del diaframma. Mentre l'espirazione nasale avviene tramite la sola contrazione muscolare dell'addome, (retropressione) l'inspirazione procede con una inalazione passiva che si genera automaticamente con il rilascio immediato della muscolatura della parete addominale. Gli atti respiratori sono molto rapidi, repentini e senza intervallo tra loro, l'abbassarsi e l'alzarsi dell'addome, accompagnato dallo sbuffo rumoroso dell'aria fuoruscita dal naso simula il movimento interrotto di un mantice. *"Quando l'espirazione e l'inspirazione sono rapide come il mantice di un fabbro, questo è conosciuto come Kapalabhati, che distrugge le malattie che derivano dalla flemma".* (Hathayoga-Pradipika, II lezione, sutra 35). Ci si siede in una posizione comoda, per esempio in Sukhasana, o meglio ancora in Padmasana (Loto) tramite la quale la postura delle gambe non possa essere facilmente scomposta, le mani saranno in jnana mudra sopra le ginocchia, si inizierà quindi facendo delle rapide espulsioni d'aria abbastanza vigorose con un improvviso colpo degli addominali frontali verso l'interno. In questo movimento il torace rimarrà stabile e i muscoli intercostali resteranno fissi nella contrazione, senza manovrare durante i repentini atti espiratori, così facendo le costole che erano rimaste sollevate, si abbasseranno in modo estremamente contenuto soltanto nell'atto espiratorio. Secondo alcune valutazioni strumentali eseguite negli anni precedenti, risulta che la quantità di aria che esce da un singolo atto espiratorio (rechaka) sia maggiore di un quarto rispetto a quella normale, mentre il tempo di durata tra puraka e rechaka sia di 1 a 2. Inizialmente sono indicati tre cicli di 1-2 minuti ognuno, con espulsioni che possono iniziare con 60 ripetizioni al minuto per arrivare successivamente con una buona tecnica a tre-quattro volte tanto, se garantite da un buono stato di salute. Per avere un ordine di grandezza consideriamo che normalmente facciamo circa 12 respiri al minuto, pari a una movimentazione di circa 4.200 ml di aria (volume corrente detratto del volume di spazio anatomico morto); con il Kaalabhati invece possiamo arrivare ad una ventilazione alveolare di circa 63.000 ml di aria al minuto, pari a 15 volte tanto, eseguendo quindi tre respirazioni al secondo. L'intervallo da un ciclo all'altro non sarà e non dovrà essere inferiore ai 30 secondi. Nell'esercizio respiratorio il grado di un efficace vigore ottenuto con una buona tecnica è sempre preferibile al numero elevato di espulsioni scomposte di poca efficacia. I benefici che derivano dalla metodologia Kapalabhati sono facilmente intuibili: maggiore espulsione di anidride carbonica, maggiore assunzione di ossigeno puro con conseguente arricchimento di tutto il sistema circolatorio compreso tutti i tessuti Dhatu che da esso derivano conseguentemente, questa metodologia equilibra e rinforza il sistema nervoso, purifica il sistema respiratorio, tonifica tutti gli organi coinvolti nel sistema digestivo. Le controindicazioni riguardano la presenza di problemi cardiocircolatori e respiratori, l'ipertensione vascolare, le patologie croniche del sistema nervoso. La durata del Kapalabhati non potrà essere eccessiva per non aumentare troppo drasticamente l'eliminazione dell'anidride carbonica che fa da sostegno contro il collasso delle piccole arterie, delle arteriole e dei capillari che veicolano sangue al cervello ed al midollo spinale. Se ci fosse una riduzione della CO2 troppo elevata si comprometterebbe di conseguenza la struttura dei neuroni. Il Kapalabhati quindi è sempre consigliato e benefico se praticato con moderazione e limitato nella durata, poiché, seppur in una forma ridotta, rimane pur sempre una tecnica di iperventilazione. Per questo motivo il controllo ed il suggerimento di qualificati insegnanti potrà sempre garantirne un esercizio conveniente.

Bastrika

Ha gli stessi benefici e le stesse raccomandazioni del kapalabhati, ma con una tecnica diversa. La respirazione è toracica con una intensa attività muscolare intercostale; si inspira ed espira con il naso, emettendo piccoli e rapidi sbuffi d'aria. Per iniziare si effettueranno circa 15 respiri al minuto (1 ogni 4 sec.), poi con la necessaria esperienza si potrà anche arrivare a 3 o 4 respiri ogni secondo. Come per il kapalabhati è consigliabile non andare oltre i tre cicli di un minuto ciascuno.

Respiro alternato

E' chiamata "Nadi Shodanham" e nell'ambito delle tecniche respiratorie è la metodologia più rilassante. Non è importante la quantità d'aria inalata, bensì la concentrazione sulla sensibilità delle terminazioni nervose collegate al cervello limbico (primitivo dell'uomo). La respirazione si effettua lentamente al fine di fornire maggiori informazioni al cervello (per esempio un profumo o la piacevole sensazione di caldo o fresco in climi avversi). Quello a narici alternate è il metodo più efficace per aprire e bilanciare i canali energetici della colonna vertebrale e per calmare il sistema nervoso (ansia, nervosismo, fretta, stress, pensieri). Varie possono essere le tecniche che si utilizzano, specialmente in una pratica yoga: si può iniziare con una respirazione alternata e continua delle narici sinistra-destra, oppure eseguita a brevi cicli prima dell'una e poi dell'altra, si può ancora utilizzare il mudra della mano, premendo alternativamente pollice e anulare per chiudere l'una narice dopo l'altra, ecc. In tutte le tecniche utilizzate, comunque, si dovrà impiegare una respirazione addominale. Questa metodologia è ottima come preparazione alla meditazione; in realtà si può rilevare una differenza tra le respirazioni iperventilate e quelle alternate: mentre le prime conducono ad un intorpidimento nel quale la meditazione può trovare sedime fertile, le seconde accompagnano il sadhaka verso una condizione direttamente rilassante, con la mente stabile in quel contesto.

Respiro Ujjayi

Ujjayi viene definito anche il "respiro del vittorioso" atto ad interpretare la conclusione favorevole del combattimento di un guerriero. Questa metodologia è ampiamente utilizzata in tutte le pratiche yoga, dall'Hatha all'Ashtanga, dal Vinyasa alla Kundalini, in tutti gli asana meditativi ed in quelli che richiedono esercizio fisico. Si pratica chiudendo leggermente la glottide che è il muscolo che regola l'immissione del flusso d'aria verso i polmoni. La parziale otturazione della glottide riduce il calibro delle vie respiratorie rallentando il flusso d'aria in entrata ed in uscita. In una lenta inspirazione dal naso e nella ancora più lenta espirazione dalla bocca si emette un leggero sibilo che assomiglia al suono che si genera quando si vuole appannare uno specchio; l'espirazione con l'esperienza si può eseguire anche a bocca chiusa. Con questa tecnica la respirazione diventa più profonda creando un cambiamento della pressione interpolmonare. I benefici che ne derivano riguardano la produzione di calore nel corpo, il rallentamento del battito cardiaco, l'attivazione della muscolatura diaframmatica, il distanziamento dallo stress, è utile contro l'ipertensione, determina una maggiore concentrazione focalizzata sulla tecnica a scapito delle distrazioni ed una maggiore tranquillità della mente per ritrovare la calma, è molto utile nella esecuzione di asana impegnativi.

Sitkari e Sitali

Sitkari si usa specialmente in estate poiché rinfresca il corpo, abbassa inoltre la pressione sanguigna, migliora il sistema nervoso, rilassa la muscolatura, allontana la fame e la sete. E' controindicato per le persone ipotese, non va praticato in inverno a causa dell'aria fredda diretta nei polmoni. Occorre mantenere una posizione comoda come in sukhasana, poi con la schiena eretta ed il capo allineato, a denti uniti e con le labbra aperte si appoggia delicatamente la lingua sull'arcata dentale inferiore e si inspira dalla bocca emettendo un sibilo simile a quello di un serpente; è preferibile mantenere il respiro in antara-kumbhaka a bocca chiusa per qualche secondo, dopodiché si espira dalle due narici. E' indicato per Pitta dosha.

Sitali è una metodologia molto simile alla precedente, con i stessi benefici e le stesse controindicazioni. L'unica differenza che si riscontra è la posizione della lingua che in questa tecnica deve essere sporta dalle labbra ed arrotolata come a voler formare un tubicino o *"il becco di un corvo"* dal quale si inspirerà l'aria *(Siva Samhita-cap.3°-versi 70,74,75)*. Questo pranayama è indicato per Pitta dosha.

Bhramari

Questo pranayama produce effetti benefici sulla gola ed in tutto il sistema nervoso, in special modo Parasimpatico per il rallentamento del battito cardiaco nei casi di stress. La vibrazione che ne deriva si riflette sulla scatola cranica con effetti che favoriscono la calma, la chiarezza, il rilassamento del sistema muscolare e deviano anche l'ansia e la rabbia. Occorre portare ambo le mani sul viso, poi con i pollici si chiuderanno le orecchie tramite una pressione sui traco, gli indici saranno appoggiati delicatamente sugli occhi, i medi posti leggermente sulle narici del naso e gli anulari e indici sopra e sotto le labbra. Si inspira con la glottide semichiusa (Ujjayi) e con la bocca chiusa e i denti separati si pronuncerà mmmm espirando da ambo le narici; l'effetto che ne deriverà sarà un ronzio simile a quello di un'ape. Per avere un effetto efficace occorrerà eseguire almeno 5-7 cicli respiratori. E' perfetto prima della meditazione.

Un'altra tipologia di pranayama riguarda la "Respirazione yogica" nella quale l'atto inspiratorio, eseguito dal naso e con la bocca chiusa, sarà progressivamente prima addominale, poi toracico ed infine clavicolare; l'espirazione, al contrario, interesserà prima le clavicole e poi il torace che si contrarrà coinvolgendo l'addome. Questo pranayama è molto usato in Shavasana oltre che nelle classiche posizioni meditative; il beneficio che ne deriva è facilmente intuibile.

Un'ulteriore tecnica spesso usata è quella della "Respirazione quadrata" (sama vritti pranayama) eseguita a bocca chiusa dove Puraka (inspirazione), antara-Kumbhaka (sospensione a polmoni pieni), Rechaka (espirazione) ed bahira-Kumbhaka (sospensione a polmoni vuoti) hanno gli stessi matra, ovvero le stesse unità di tempo.

mudra Nadi Shodanham (respiro alternato)

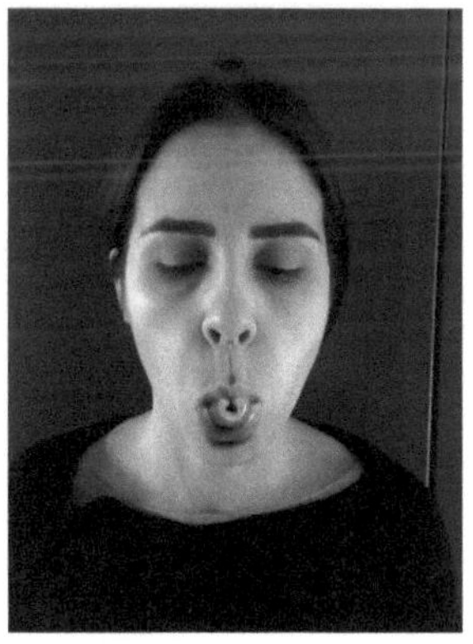

Sitali pranayama

Bhramari pranayama

Consigli e regole nell'Ayurveda

L'alimentazione ayurvedica, oltre le specifiche puntuali regole persuasive che la contraddistinguono, fornisce alcuni suggerimenti generali indipendentemente dalla conformazione doshica rilevata; vediamo quali:

- la tipologia del cibo dovrà essere scelta preferibilmente in funzione del clima stagionale e della produzione autoctona tipica del territorio del consumatore;
- la quantità sarà moderata e ripartita nei tre pasti principali giornalieri, questi non saranno mai tardivi rispetto all'orario di assunzione, meglio mangiare lentamente con una masticazione ripetuta, onde permettere che gli enzimi della digestione si rendano maggiormente efficienti;
- mangiare possibilmente in silenzio senza inutili distrazioni, masticando "con i soli occhi" i primi bocconi;
- evitare di alimentarsi durante stati emotivi negativi;
- non si dovrà mai assumere cibo prima della completa digestione del pasto precedente, almeno nelle tre o quattro ore successive;
- evitare di coricarsi durante la digestione;
- è preferibile una dieta prevalentemente vegetariana con contenuta assunzione di proteine e grassi animali;
- scegliere alimenti freschi al posto di quelli precedentemente cucinati;
- evitare di cumulare più proteine di diversi alimenti;
- avendo scelto alimenti crudi è opportuno assumerli per primi onde facilitare il fuoco gastrico che richiede più tempo per la digestione;
- assumere ghi (ghee) alimenta il fuoco gastrico;
- a cena preferire cibi cotti maggiormente digeribili;
- le bevande fredde durante i pasti ostacolano la digestione;
- meglio assumere frutta prima di altri alimenti per evitare possibile fermentazione nello stomaco;

- il consumo di spezie appropriate può ribilanciare il virya di un pasto inadeguato; ad esempio: un cibo molto pungente può essere equilibrato dall'aggiunta di coriandolo rinfrescante;
- bere acqua durante i pasti è importante, ma farlo in abbondanza dopo mangiato può diventare dannoso poiché l'acqua diluirà i succhi gastrici (enzimi) ostacolando la digestione;
- evitare di alzarsi da tavola completamente sazi.

Correlazione tra le varie potenze di alcuni alimenti ed incompatibilità di alcuni cibi

La tabella che segue da una indicazione della correlazione tra le varie potenze di alcuni alimenti.

ALIMENTO	RASA	VIRYA	VIPAKA	PRABHAVA
Miele	Dolce	Freddo	Dolce	Caldo
Limone	Aspro	Caldo	Aspro	Freddo
tamari (salsa)	Salato	Caldo	Dolce	Freddo
Cipolla	Pungente	Caldo	Pungente	Freddo
Curcuma	Amaro	Freddo	Pungente	Caldo
Melograno	Astringente	Freddo	Pungente	Dolce

Gli alimenti quindi dovranno essere compatibili ed appropriati, facendo attenzione all'energia Virya ma in particolare alla loro potenza post digestiva Vipaka. Ad esempio un frullato di latte e banana può diminuire Agni, cambiare la flora intestinale, produrre tossine, causare malattie da raffreddamento come tosse e catarro. Benché tutti e due questi cibi abbiano un sapore dolce ed una energia fredda, il loro effetto post-digestivo Vipaka è differente e contrastante: quello della banana è aspro, mentre quello del latte è dolce. Continuando nell'esempio, anche il latte con il melone se consumati insieme possono creare problemi: sebbene siano ambedue rinfrescanti e dolci, mentre il primo richiede maggior tempo per la digestione, l'acido richiesto nello stomaco per la digestione del secondo fa conseguentemente cagliare il latte, producendo tossine che andrebbero a depositarsi inevitabilmente nel tratto gastrointestinale. La scienza ayurvedica sull'alimentazione è molto severa, specifica ed estremamente complessa nel suo insieme, tanto da risultare alcune volte "crudele". Tutti i giorni sulle televisioni e nei giornali assistiamo alla propaganda di ricettari culinari apparentemente allettanti, elaborati magari da chef stellati, onestamente, però, riteniamo siano pochi quelli sufficientemente istruiti sul corretto abbinamento dei cibi; questo va tenuto in considerazione anche perché le esigenze funzionali del nostro organismo, lo sappiamo, non fanno mai sconti! Sulla base di quanto sopra descritto e in considerazione del prospetto esplicativo riportato, si dovrà valutare il cibo non unicamente per le sei tipologie del gusto, ma anche se questo è considerato pesante o leggero, secco od oleoso, se produce caldo o freddo, se è umido o asciutto. Di seguito vogliamo segnalare l'improbabile accostamento di alcuni cibi tra loro incompatibili.

INCOMPATIBILITA' DEI CIBI	
ALIMENTO	**Inconciliabile con:**
Fagioli	Frutta, formaggi, uova, pesce, latte, carne, yogurt
Uova	Frutta (specialmente meloni), fagioli, formaggi, pesce, latte, cane, yogurt
Frutta	Di regola con qualsiasi altro cibo. Eccezione: datteri e latte che hanno lo stesso rasa, virya e vipaka
Granaglie	Frutta, tapioca
Miele	Quando mescolato ad una stessa quantità di ghi (in peso 1 cucchiaino di miele=3 cucchiaini di ghi)
Bevande calde	Mango, formaggio, pesce, carne, amidi, yogurt
Limone	Cetrioli, latte, pomodori, yogurt
Melone	Qualsiasi cibo, specialmente prodotti del latte, uova, cibi fritti, granaglie, amidi
Latte	Banane, ciliegie, meloni, frutta aspra, pane contenente amido, pesce, carne, yogurt
Patate, pomodori, melanzane	Melone, cetrioli, prodotti del latte
Ravanelli	Banane, uvetta, latte
Tapioca	Frutta, specialmente banane e mango, fagioli, uvetta, zucchero di palma
Yogurt	Frutta, formaggio, latte, uova, pesce, bevande calde

Gli effetti negativi di una errata combinazione dei cibi possono essere attenuati abbinando spezie e sostanze come adeguato rimedio, l'Ayurveda ne indica alcuni esempi, vediamo quali:

LA CORREZIONE DEI CIBI			
Alimento	Azione negativa	Rimedio	Effetto dosha
Frutta:			
Banana	Appesantisce la digestione. E' fredda	Cardamomo	Riduce Vata, aumenta Pitta e Kapha
Melone	Ritenzione idrica, pesante, dolce	Coriandolo con noce di cocco	Aumenta Kapha, riduce Pitta e Vata
Avocado	Diarrea, problemi digestivi, gonfiore	Aglio, pepe nero, limone, curcuma	Aumenta Kapha
Anguria	Ritenzione idrica, pesante, dolce	Peperoncino rosso, sale	Aumenta Kapha, riduce Pitta e Vata
Mango	Diarrea	Cardamomo e ghi	
Ortaggi:			
Patate	Gas intestinale, secca, aspra	Pepe, ghi	Aumenta Vata, riduce Pitta e Kapha
Insalata	Gas intestinale	Succo di limone, olio d'oliva	Riduce Kapha
Cavolo	Gas intestinale	Cuocere il cavolo con curcuma e semi di senape in olio di girasole	Aumenta Vata, riduce Pitta e Kapha
Aglio	Se eccessivo: è ipotensivo e può dare problemi intestinali	Grattugiare noce di cocco e unirla con limone	Riduce Vata e Kapha, aumenta Pitta
Cipolla	Gas intestinale	Sale, senape, limone, yogurt	Aggrava Vata e Pitta, riduce Kapha
Cereali:			
Riso	Favorisce l'aumento di adipe	Pepe in grani, chiodi di garofano	Aumenta Kapha, riduce Vata
Grano	Favorisce l'aumento di adipe	Zenzero	Aumenta Kapha

Carne rossa	Peggiora il sistema digestivo	Chiodi di garofano, peperoncino rosso, pepe di cayenna	Aumenta Kapha e Pitta
Pesce	oleoso, genera calore, pesante	cedro, limone, noce di cocco	aumenta Pitta e Kapha, riduce Vata
Uova	Rafforzano il sistema immunitario, ricca fonte di proteine, se permane un abuso di consumi generano alti tassi di colesterolo	Cipolla, prezzemolo, curcuma	Quando cotte aumentano Pitta, se crude Kapha
Derivati del latte:			
Formaggi	È freddo, dolce, pesante, congestiona, genera muco	Peperoncino rosso pepe di Cayenna, pepe nero, zenzero	Aumenta Pitta e Kapha
Yogurt	Favorisce la diarrea, oleoso, riscaldante, muco, limita digestione	Zenzero, cumino	Aumenta kapha, per pitta accettabile se mescolato col dolce
Caffè	Stimolante	Cardamomo e noce moscata	Aumenta pitta e vata
Cioccolato	Stimolante	Cumino, cardamomo	Aumenta pitta e vata
Dolci	Pesante, freddo, ostacola la digestione	Zenzero	Aumenta kapha
Alcolici	Stimolante, sedativo	Cardamomo, cumino	Aumenta vata e pitta
Thè	Stimolante,sedativo	Zenzero	Se contenuto vata ne può beneficiare
Gelati	Pesante, limita la digestione, genera muco	Cardamomo, chiodi di garofano	Aumenta kapha
Tabacco	Tonico	Sedano	Aumenta pitta e vata

Nella cucina ayurvedica i semi e le spezie rappresentano un autentico caposaldo e rivestono un ruolo molto importante, non soltanto a scopo alimentare per il gusto che ne deriva, ma anche per quello officinale per gli effetti che questi possono avere sui sistemi del nostro organismo. Le spezie sono anche il viatico per scoprire e riscoprire luoghi, tradizioni, ritualità, cucine etniche e nostrane. Queste preziose essenze, in verità, esaltano anche la storia, con la mitica "via delle spezie" inaugurata nel Basso Medioevo, primo vero esempio di globalizzazione che univa, per la propria portata, i popoli residenti lungo l'infinito tragitto terracqueo che collegava l'Europa con l'Africa, e poi l'India, Sumatra, Giava, Indonesia fino alle isole Molucche, vero "Eldorado" di quelle essenze.

In maniera stocastica vediamone alcune raggruppate in questo piccolo erbario.

Erbario

- Cannella (cinnamomo): è un albero sempreverde di media altezza dalle origini millenarie, originario dello Sri Lanka e Ceylon, ama i climi caldi ed umidi, fu importato in occidente durante il medioevo, ma quella della cannella è un'antica coltivazione già conosciuta dalle popolazioni dell'antica Roma, Grecia ed Egitto. E' una spezia che si ricava dalla corteccia, è rinfrescante, antisettica, aromatica, pungente ed astringente, è anche eccitante e stimola la sudorazione, è utilizzata come contrasto al colesterolo ed aiuta a mantenere un diabete equilibrato. Favorisce la digestione, dona energia ai tessuti, in particolare quello epidermico poiché la protegge dalle azioni batteriche, ha effetti antinfiammatori giacché aiuta ad alleviare la congestione, la tosse ed il raffreddore se assunta con infusi caldi misti a miele. E' utilizzata incondizionatamente in tutte le cucine internazionali, sia in Oriente che in Occidente, molto impiegata nella composizione di dolci, tisane, bevande e piatti elaborati decisamente fragranti. Se l'uso è smodato può causare problemi nel tratto intestinale, non ci sono particolari controindicazioni se l'assunzione è moderata. Nessuna avvertenza per i tridosha.

- Curcuma: è una pianta molto bella, originaria dell'estremo oriente, dall'alto arbusto e dalle foglie lunghe ed ornamentali. La spezia è un potente antiossidante, è stimolante, amara, aromatica, leggermente pungente, ha un'azione balsamica, depurativa, attenua la congestione, è antinfiammatoria e carminativa. Migliora la qualità del sangue, la digestione e la flora dell'intestino crasso, migliora anche il diabete se assunta insieme ai pasti per un lasso di tempo determinato. Il suo habitat naturale è nelle regioni tropicali ad alta piovosità dove la temperatura oscilla tra i 20 e i 25 gradi. Prudenza se Pitta è disturbato.
- Fieno greco (Trigonella foenum graecum): è una bassa pianta tipica dell'Asia occidentale e Nord Africa come Egitto, Iran, Tunisia; di antichissima provenienza fu importata inizialmente in Europa dalla Grecia per l'utilizzo esclusivo di mangime per bestiame con un odore simile a quello del fieno, ma il suo secondo nome deriva dalle sue foglie a forma di triangolo. Successivamente il frutto, simile ad un legume, mischiato con altre sostanze per formare dolci e focacce e per condimenti di carni e minestre, fu impiegato anche in cucina. Si trova in commercio sotto forma di olio, polvere, semi, e preparato per decotti, quest'ultimo è consigliato per contenere forme di colesterolo ed iperglicemia avanzate, ricco di fosforo il fieno greco è impiegato anche come integratore naturale, ricco di ferro viene assunto contro l'anemia, ha anche proprietà antiossidanti per il suo contenuto di manganese. In Oriente è spesso utilizzato per migliorare il sistema digestivo, il metabolismo, l'acidità, il sistema respiratorio e lo stimolo della peristalsi; in India è anche molto impiegato nei preparati culinari. La trigonella è consigliata per aumentare la produzione di latte materno e poiché è ricca di saponine viene anche assunta per stimolare l'appetito. Questa spezia è utilizzata nella cosmesi per la cura dei capelli e della pelle. Se ne raccomanda un uso moderato poiché le controindicazioni di questa

essenza naturale riguardano diarrea, gonfiori addominali e gas intestinali, è comunque controindicata anche per coloro che soffrono di diabete.

- Assafetida (assa foetida): è una pianta erbacea di origini Iraniane, diffusa in tutto il Mediterraneo. Il suo nome la indica come sgradevole, infatti il suo nome deriva dal latino che vuol dire appunto maleodorante, attributo che in verità non gli rende giustizia poiché le sue qualità superano l'ingiusta nomea; assa invece, dall'iraniano, paese di origine, significa resina. In Oriente è molto impiegata sia nella cucina che nella medicina alternativa. La resina che si ricava dalla pianta e l'olio che ne deriva dal trattamento della stessa promettono proprietà decisamente curative. In cucina, con un odore simile a quello dell'aglio, del porro e della cipolla, viene impiegata per insaporire piatti a base verdure, carni, pesce e zuppe, in India è diffusamente impiegata insieme ai legumi, in particolare le lenticchie. Negli usi medicinali viene impiegata per contrastare problemi digestivi e sindromi intestinali come le enteriti, ma anche dell'apparato respiratorio contro asma, bronchiti e stati infiammatori polmonari. E' considerata utile come antivirale, antimicotica, antiossidante, espettorante, carminativa e lenitiva.
- Marula (Sclerocayea birrea): è un albero di media altezza simile all'ulivo, originario dell'Africa meridionale. Mediante spremitura, dai suoi semi contenuti nei frutti simili alle prugne si ricava un olio dalle qualità cosmetiche e curative rilevanti; fortemente caratterizzato da elevata quantità di vitamina C e da proprietà antiossidanti, questo olio offre rimedio contro la formazione di radicali liberi. Utile nella produzione di collagene favorisce un buon contrasto contro l'invecchiamento della pelle generando elasticità e giusta idratazione, ma si rivela anche utile contro gli arrossamenti per via del contenuto di acido oleico. I frutti sono commestibili, ma servono anche a produrre vino, liquori e birra. Come cosmetico l'olio è impiegato nella cura per i capelli, ma anche per la formazione di creme e balsami per la cura dell'epidermide.

- Calamo (Acorus calamus): è una pianta acquatica perenne di origini asiatiche in particolare dell'India e Giappone, è caratterizzata da lunghe foglie strette, l'etimologia deriva dal greco kalamos che significa canna e da cui deriva anche calamaio; nella storia ricordiamo che le prime penne per scrivere erano costituite da piccole cannucce chiamate appunto calami. La pianta trova il suo habitat naturale nel terreno fangoso con ristagno d'acqua. Nella medicina ayurvedica è usato per contrastare la formazione di ulcere, artriti, disturbi gastrointestinali, insonnia, inappetenze, è anticonvulsivante nelle crisi nervose, carminativo, sedativo, diuretico, lassativo, possiede proprietà digestive ed spettoranti, migliora il sistema respiratorio, possiede proprietà emetiche. E' utilizzato anche nella cosmesi per la produzione di creme, saponi, profumi, dentifrici, lozioni. Del calamo si impiega il rizoma da cui deriva anche l'olio essenziale particolarmente concentrato, quest'ultimo non è raccomandabile se usato assoluto poiché potrebbe generare irritazioni dell'epidermide. Quando utilizzato nei massaggi per ridurre le tensioni muscolari e rinfrescare, dovrà essere opportunamente diluito con soluzioni appropriate. In commercio si trova sottoforma di radice, polvere, olio essenziale, tintura madre, tisane; del calamo ne viene fatto uso anche in cucina, il suo sapore è amaro e pungente, dall'odore gradevole di agrume.
- Noce moscata: è un albero ad alto fusto sempreverde, originario dell'Indonesia. La spezia che si ricava dal seme è aromatica e stimolante, migliora il gusto dei cibi e l'inappetenza, riduce l'incontinenza urinaria, la diarrea, i dolori addominali, problemi al fegato, disordini del meteorismo, favorisce la sessualità ed è quindi afrodisiaca, è carminativa e sedativa. Migliora il sistema digestivo, nervoso e riproduttivo. Non è molto indicata per Pitta, ma va molto bene per Kapha e Vata.
- Cardamomo: è una pianta tropicale originaria dell'India, ma diffusa ampiamente in diverse regioni asiatiche. La spezia è costituita da un

baccello che racchiude piccoli semi aromatici dal sapore estremamente gradevole. E' una spezia rinfrescante, aromatica, stimolante e rinforza particolarmente il sistema digestivo, il cuore ed i polmoni, è carminativa, diaforetica, migliora la respirazione e nettamente l'alito. E' dolce, un po' piccante ed astringente. Molto usato nella cucina orientale, ma da diversi anni utilizzato anche in Occidente. Il cardamomo costituisce il curry, condimento che in India è chiamato Masala, se lo si unisce ad altre spezie come la curcuma, lo zenzero, il coriandolo, la senape, il cumino, i chiodi di garofano, il pepe nero. Prudenza se Pitta è elevato.

- Zenzero: è una pianta erbacea originaria delle zone tropicali dell'Estremo Oriente, è stimolante, pungente, aromatico. Stimola la sudorazione, l'appetito ed il sistema digestivo, rimuove le tossine, migliora la peristalsi, allevia le infiammazioni laringo-faringee e le difficoltà respiratorie dovute ad infiammazioni bronco-polmonari, è carminativo, diaforetico, espettorante, stimolante ed emmenagogo poiché favorisce la mestruazione, aiuta la circolazione sanguigna, si usa contro la diarrea e la nausea, migliora il sistema respiratorio. Il suo rizoma che caratterizza la spezia vera e propria può essere assunto in polvere, oppure fresco da consumare grattugiato o in pezzettini, quello in polvere è più concentrato. Usato nelle cucine di tutto il mondo, favorisce l'assorbimento e l'assimilazione dei cibi migliorandone i condimenti ed il sapore. Se concentrato è ottimo per Kapha per via delle sue caratteristiche espettoranti, ma va bene anche per Vata e Pitta se più leggero o diluito. E molto utilizzato anche in Occidente sia nel condimento che nelle centrifughe e nelle tisane.
- Cumino (Cuminum Cyminum): è un'antica pianta originaria dell'Asia minore, si trova sotto forma di semi o in polvere, ma è molto utilizzato e apprezzato anche l'olio, specialmente quello estratto dal cumino nero (Nigella Sativa) diverso per colore e forma; è stato anche ritrovato in numerosi siti archeologici al fianco di tombe e sarcofagi. E' amaro,

pungente ed aromatico, favorisce la secrezione degli enzimi migliorando Agni, ovvero il fuoco digestivo; limita i dolori intestinali, coliche, gonfiori. In cucina è molto utilizzato nell'impasto di pani elaborati, nelle salse, nei sughi, sui formaggi, sui legumi. Se si utilizza uno yogurt, e dopo averlo passato al frullatore con eguale parte di acqua, si unisce la soluzione a della polvere tostata di cumino, il composto che ne deriva, quando ingerito, risulterà proficuo contro la dissenteria e la diarrea. Se usata a fine pasto questa spezia, sotto forma di tisana, aiuta nettamente il potere digestivo. Ricco di antiossidanti il cumino migliora il sistema immunitario contro l'azione dei radicali liberi, è carminativo, digestivo, sedativo, diuretico ed anche vermifugo. Usati nei ristoranti indiani i semi di cumino, masticati a fine pasto, sono utili per migliore l'alito. La spezia è efficace per equilibrare eccessi di Pitta e Kapha.

- Aloe vera: tra le varie specie di questa pianta è quella più diffusa, originaria dell'Africa ha il suo habitat naturale dove permangono climi molto caldi ed aridi. E' di aspetto ornamentale e si trova spesso piantata nei parchi e nei giardini, è utilizzata nella cosmesi, nell'ambito farmaceutico ed in erboristeria. E' curativa ed estremamente benefica, agisce come efficace depurativo del sangue, è impiegata contro i disordini del fegato, stomaco, cistifellea, ostacola l'insorgenza di ulcere. Sotto forma di gelatina è utile contro i disturbi mestruali causati da spasmi muscolari intensi e cerviciti, se poi la stessa soluzione non diluita nell'acqua viene applicata localmente, può alleviare anche l'herpes vaginale, l'applicazione sugli organi riproduttivi femminili però non dovrà essere somministrata nei casi di gravidanza ed in presenza di emorragie. L'aloe vera stimola la rigenerazione della pelle, quando la gelatina è applicata sul viso dona elasticità e tonificazione sull'epidermide, è utilizzata contro le dermatiti, applicata sulle palpebre può essere efficace contro gli arrossamenti e le irritazioni, favorisce la cicatrizzazione di ferite, ha effetti benefici sulle punture di insetti, abrasioni, ustioni, è rinfrescante ed ostacola la congestione laringofaringea. E' quindi emmenagoga, espettorante, tonica e purgativa. Migliora in generale l'equilibrio dei tre dosha.

- Chiodi di garofano: la pianta sempreverde è originaria delle Molucche nell'Oceano Indiano e la spezia vera e propria deriva dall'essiccazione dei boccioli che assumono l'aspetto del garofano con un piccolo gambo a forma di chiodo. La produzione dei fiori non è eccessiva (due volte l'anno) e la resa, quando questi diventano spezia, è di 4:1, questo giustifica il prezzo non proprio contenuto; la pianta durante la fioritura sprigiona un gradevole profumo aromatico. I chiodi di garofano sono pungenti, eccitanti ma anche lenitivi, sono oleosi, migliorano il sistema respiratorio, urinario e digestivo, sono decisamente antiossidanti perché combattono l'azione dei radicali liberi, espettoranti, ma anche afrodisiaci e decongestionanti; occorre fare attenzione perché potrebbero aumentare la pressione arteriosa. L'olio di garofano ha proprietà antidolorifiche, è quindi sedativo e viene usato contro il mal di denti. Per Pitta sono sconsigliati, restano proponibili per regolare Vata e Kapha.
- Senape: è una pianta erbacea di origini mediterranee, è alta circa 80-100 cm ed è formata da un dritto fusto e varie ramificazioni sulla punta delle quali si forma un fiore di colore giallo e da questo un baccello che contiene i semi caratteristici della spezia. Di questa specie ne esistono due tipi, la cosiddetta bianca (Sinapis alba) e la nera (Brassica nigra), mentre la prima viene più impiegata nella cucina, la seconda trova migliore applicazione nella farmacologia. La senape è una spezia energica e "determinata nei suoi effetti", è oleosa, penetrante e molto pungente, alleata di Agni combatte le indigestioni e il gonfiore addominale in quanto carminativa, è un importante sedativo poiché si può impiegare per contenere tensioni e spasmi muscolari; come cataplasma è usato contro i reumatismi, è anche un generico antinfiammatorio; se impiegata come salsa o mostarda è spesso usata in cucina nel condimento di insalate, carne, pesce, formaggi e minestre, ma

un consumo abbondante può "infiammare" il cibo a tutto discapito del povero Pitta, che invece vedrà Kapha risollevarsi. L'olio di senape è anche utilizzato nei massaggi ayurvedici che richiedono proprietà riscaldanti.

- Aglio: è considerato una pianta bulbosa ed insieme alla cipolla è forse tra le sostanze più usate nel condimento di pesce e carne sia in Oriente come in Occidente. E' pungente, amaro ed aromatico, con proprietà carminative, espettoranti, disinfettanti, stimolanti ed afrodisiache, è usato contro il mal di denti ed i disturbi alle gengive, migliora il sistema digestivo, respiratorio, circolatorio, immunitario, nervoso e riproduttivo. E' considerato stimolante nelle relazioni sessuali, quindi non consono per chi segue pratiche spirituali o celibato, è considerato rajasico. Controindicato per Pitta è indicato per Vata e Kapha.
- Cipolla: anche essa, come l'aglio è considerata un pianta bulbosa molto utilizzata in cucina, sia in Oriente che in Occidente. E' pungente, aromatica e decisamente irritante specialmente per gli occhi. Le cipolle hanno ottime proprietà curative, le esalazioni possono alleviare stati di svenimento o capogiro, contribuiscono a contenere il colesterolo, alleviano gli spasmi e le crisi epilettiche, sono vermicida contro i parassiti dell'intestino, hanno proprietà diaforetiche, espettoranti, antipiretiche e digestive; migliorano i sistemi cardiocircolatorio, respiratorio ed anche quello riproduttivo. Anche la cipolla come l'aglio è considerata afrodisiaca e rajasica, quindi stimolante nelle relazioni sessuali, poco indicata se si seguono frequenti pratiche spirituali. Allevia Kapha, aumenta Vata e Pitta.
- Pepe di Cayenna: il suo nome deriva dalla città di Cayenna, una città della Guyana francese; rappresenta una delle tante specie che esistono in natura. E' il frutto della pianta "Capsicum annuum", che in realtà è un peperoncino, ma come tutte le piante del pepe è anch'esso pungente e stimolante. Ottimo sui formaggi e la carne, aiuta l'assimilazione dei cibi in genere e li rende leggeri e gustosi provocandone l'assunzione. Il

pepe di Cayenna è antidolorifico, antinfiammatorio, migliora la circolazione sanguigna, aiuta le spinte corporee perché carminativo e stimolante, promuove il sistema digestivo giacché stimola Agni, è anche diaforetico, carminativo, espettorante, migliora il sistema respiratorio ed è utilizzato per alleviare gli stati febbrili. Se una soluzione di acqua calda mista al pepe di Cayenna viene tamponata sulle zone nevralgiche, l'effetto aiuta a lenire il mal di denti. Nell'alimentazione è consigliabile farne un uso moderato. Pitta ne soffre, Vata e e Kapha ne beneficiano.

- Centella asiatica (Hidrocotile asiatica): è una piccola pianta erbacea officinale perenne, è originaria del continente asiatico ed è specialmente coltivata in India, Cina, Indonesia e non solo, ama quindi le regioni calde ed umide. Ha proprietà eudermiche, allevia le affezioni cutanee, ha un potere cicatrizzante su ferite e piccole ustioni, dona un effetto benefico sulla produzione e la sintesi di collagene, contrasta la fragilità capillare poiché ne rafforza il tono. Ampiamente utilizzata nella tradizione ayurvedica, è importante per il sistema cerebrale poiché ha un effetto stimolante per la memoria, riduce i disturbi del sonno, allevia l'irritabilità causata dagli stati di ansia, migliora la chiarezza e la comprensione; allevia anche il dolore causato da ragadi, ulcere, emorroidi, riduce inoltre lo stress, il nervosismo e l'isteria. Secondo l'Ayurveda questa pianta stimola la comunicazione tra i due emisferi cerebrali poiché ne sviluppa l'energia. E' anche espettorante per il muco secreto negli organi delle vie respiratorie e decongestionante nelle cavità paranasali, stimola il microcircolo sanguigno dei piccoli vasi venosi e arteriosi. Può essere usata in infusi o in polvere unita al miele e ad altre sostante appropriate. Le proprietà della centella quindi sono antispasmodiche, antisettiche, espettoranti, analgesiche, lenitive e stimolanti; i sistemi che ne beneficiano principalmente riguardano quello nervoso, respiratorio, circolatorio e digestivo. Tutti e tre i dosha ne traggono beneficio.

- Coriandolo: è una piccola pianta originaria del Medio Oriente ma è coltivata anche in Europa; è un'essenza dall'aspetto molto simile a quella del prezzemolo, dall'aroma decisamente intenso e poco gradevole quando il frutto è ancora fresco, l'odore che diffonde, infatti, è molto simile a quello delle cimici verdi, insetti chiamati comunemente anche "puzzolenti". Questa spezia è un naturale diuretico, è molto rinfrescante e benefico nelle infiammazioni del tratto urinario, è antisettico, antispasmodico, aiuta nei problemi di cattiva digestione, è aromatico, diaforetico, antinfiammatorio, diuretico e carminativo, spalmato sulla pelle allevia bruciori e dermatiti, sotto forma di succo aiuta a combattere le malattie esantematiche, migliora il sistema urinario e respiratorio. Nella cucina è più utilizzato nei paesi orientali dove oltre ai semi vengono utilizzate anche le foglie fresche dal sapore pungente ed amaro utilizzate come prezzemolo, da questo deriva il secondo nome di "prezzemolo cinese". Il coriandolo è impiegato comunque anche nelle regioni europee dove viene utilizzato per condire carni, verdure, pesce, minestre, con un sapore moderatamente pungente e dolciastro quando i semi della spezia sono definitivamente essiccati. Anche questa essenza, come il cumino, è stata rinvenuta presso antiche sepolture di siti archeologici egizi. L'olio di coriandolo è molto utilizzato nei massaggi ayurvedici che richiedono proprietà rinfrescanti. Decisamente benefico per Pitta.

Nella seconda parte di questo libro, più tecnica, abbiamo voluto simulare il caso tipico di un paziente afflitto da particolari patologie, al quale possano essere applicati tutti gli strumenti d'indagine conosciuti nel racconto di questa breve esposizione. Valuteremo perciò tutto ciò che riguarda l'identità, le caratteristiche psicofisiche, la prakruti, la vikruti, la salute, l'alimentazione, i disturbi, le influenze stagionali e giornaliere, l'esame del paziente, la diagnosi del disturbo, la cura, il massaggio ed il benessere. Tutto questo sarà valutato con riferimento alla conformazione doshica del malato identificato nell' esempio. La nostra **"simulazione"** pertanto riguarderà una tipologia preminentemente Kapha_con influenza Pitta comunque determinante, quindi Kapha-Pitta o Pitta-Kapha che dir si voglia.

L'identità ravvicinata dei tre dosha

L'identità della classificazione dvadoshaja (due tipologie di dosha), in questa simulazione è stata convalidata attraverso il **"Nadi e Jiwha Pariksha"**, ovvero l'esame del polso radiale che assume il nome di Nadi (arterie/canali), e quello della lingua che viene denominato Jiwha. Il termine sanscrito pariksha è tradotto con diagnosi, esame clinico. Nadi e Jiwha sono quindi riconducibili al controllo della identità doshica del paziente. Questi due aspetti verranno comunque ampiamente descritti nei paragrafi successivi.

N.B. Prima di esprimere le proprietà delle tipologie dei "vizi" in questione, va subito stabilito che, come avviene in tutte le realtà oggettive che vengono descritte e codificate nel "mondo olistico", anche le caratteristiche e le qualità dei dosha ad essi attribuite non debbono essere rigidamente assunte nel mero senso letterale, bensì interpretate e tese ad una comprensione più introspettiva, intuitiva e di più ampio raggio. Spesso concetti più approfonditi possono essere nascosti dietro una terminologia rigorosa che ne ostacola, magari involontariamente, la giusta e più appropriata interpretazione. Spesso la metafora, ampiamente utilizzata nella disciplina yoga, può aiutare a comprendere meglio il contesto ed il contenuto di una spiegazione apparentemente sterile, anche nei casi di "metamorfosi conservativa", dove il rischio dell'incomprensione è sempre in agguato.

Iniziando ad analizzare **"Kaphadosha",** ricordiamo che la sua costituzione avviene attraverso la combinazione degli elementi Terra ed Acqua. Esso governa il principio della fluidità attraverso l'idratazione e la lubrificazione di tutti i tessuti del corpo umano. L'acqua biologica è il principale costituente di kapha, la cui sede principale è ubicata nel "torace e nello stomaco", ma governa ed è presente anche nel cervello, vescica, reni, giunture, testa, sistema immunitario, nella vita delle cellule, negli organi sessuali e nel loro vigore.

Rappresenta l'energia che forma la struttura del corpo e produce forza, stabilità e vigore.

Le sue **caratteristiche** riguardano il freddo, il muco, la pesantezza, la lentezza, l'inerzia, la staticità, l'umidità, il sapore dolce, ma è anche grossolano, morbido, untuoso, denso, viscoso e vischioso. Gli **upa-dosha**, le cinque funzioni (sub-dosha, dosha inferiori) di kapha sono: *kledaka* (inumidisce il cibo nello stomaco), *avalambaka* (favorisce il drenaggio linfatico), *bodhaka* (favorisce la secrezione delle ghiandole salivarie), *tarpaka* (alimenta i fluidi cerebro-spinali proteggendo il cervello ed il midollo spinale), *shleshaka* (controlla i liquidi sinoviali delle giunture).

La **fisionomia** Kapha riguarda una costituzione corporea ben sviluppata, forte e vigorosa, muscoli stabili e solidi con i quali il "vizio" può sopportare anche prove eccessive, ma essendo un tipo statico e pigro questo lo riconduce ad uno stato di inattività, la sua andatura in realtà è piuttosto lenta con propensione verso un'appagante letargia. E' alquanto pesante, tendente al sovrappeso, è denso, è morbido, la testa di generose dimensioni, la carnagione è chiara, la pelle soffice, liscia e fresca, splendente ed oleosa; i capelli sono fitti e scuri, tendenti alla calvizie; gli occhi sono spesso scuri e la dentatura si presenta tendenzialmente bianca e regolare, resistente al freddo, al dolce ed all'aspro.

Nell'ambito della **fisiologia** i tipi kapha sono descritti come persone che hanno buon appetito con una digestione piuttosto lenta, ma regolare, amano cibi piccanti, amari ed astringenti, sono sconsigliati quelli dolci, aspri e salati; l'evacuazione è lenta ma regolare, la sudorazione è moderata, il sonno è profondo e prolungato, caratterizzato da molti sogni spesso piacevoli; i tipi kapha fisiologicamente hanno buona propensione alla sessualità.

La **psicologia** di questo dosha caratterizza persone dall'aspetto gioviale, generalmente felici, simpatiche, tolleranti, pazienti, indulgenti e compassionevoli, anche se non di rado emotive. I kaphadosha parlano lentamente ed in modo pacato, non disconoscono l'avidità, ma anche l'invidia e la possessività; tendenzialmente possono apparire lente nell'apprendere ma solide nella memoria, prediligono inoltre le attività materiali.

L'**alimentazione** più adeguata che inibisce l'aumento di Kapha concerne i gusti amaro, pungente, astringente, con riguardo a quelli caldi e leggeri, sconsigliati i gusti doci; andrà bene per i cereali il granturco, cous cous, segale, orzo, tapioca, avena, grano saraceno, miglio, pochissimo riso esclusivamente integrale; per le verdure cavoli, cavolfiori, cavolini di Bruxelles, carciofi, asparagi, spinaci, broccoli, finocchi, carote, melanzane, barbabietole, cime di rapa, cipolle; per la frutta mirtilli, albicocche, frutti di bosco, fragole, ciliegie, prugne, pesche, pere e mele non troppo mature, melagrane, ciliegie e tutta la frutta secca; per la carne pollo, tacchino, coniglio, daino, cervo; sono ancora indicate uova non fritte ed anche gamberetti e pesce d'acqua dolce; è accettato il latte di soya e quello di capra scremato preso con moderazione, sono anche tollerati, ma in quantità molto limitate, i formaggi freschi e poco salati. Per Kapha sono indicate quasi tutte le spezie ed in particolare quelle considerate pungenti come il pepe di Cayenna, pepe nero, peperoncino, zenzero, aglio, senape, rafano e poi menta, curcuma, chiodi di garofano, ginepro, noce moscata, salvia, basilico, rosmarino. L'alimentazione "inappropriata" che aumenta questo dosha riguarda patate dolci, pomodori, cetrioli, zucchine e olive, per le verdure; per la frutta banane, avocado, pompelmi, kiwi, mango, meloni, anguria, ananas, arance, papaya, datteri, noci di cocco; sono da escludere lo yogurt e quasi tutti i latticini ad eccezione del ghi, per i cereali frumento e riso ad eccezione di quello integrale, per le carni manzo, agnello, maiale; è inappropriato il pesce di mare perché meno digeribile; gli oli andranno molto limitati se non eliminati, accettabile quello di girasole; meglio evitare i gelati e le bevande fredde e gasate.

I **disturbi patologici** più ricorrenti riguardano costipazione, gonfiore, sinusite, diabete e tumori, spesso dovuti ad eccesso di muco presente nelle varie parti dell'organismo. Le sedi dove l'eccesso di kapha è principalmente immagazzinato interessa polmoni, bronchi, testa, gola, bocca, naso, stomaco, intestino, articolazioni.

L'**incremento** di kaphadosha da tenere sotto controllo per eventuali squilibri può verificarsi tra le ore 6 e 10 e tra le ore 18 e 22 della giornata. Nel caso di una vikruti corrente questi momenti, di conseguenza, dovranno essere particolarmente attenzionati. La stagione in cui stare attenti per evitare l'eccesso di Kapha è l'inverno, il simile aumenta il simile.

Yoga, le caratteristiche dei tipi Kapha sono la lentezza, la letargia, la pesantezza ed una moderata indolenza, quindi hanno bisogno di un esercizio fisico che stimoli effetti riscaldanti, che alleggerisca e che tenga sotto controllo anche il metabolismo. Per questo dosha sono importanti tutte le posizioni che tengano conto dell'apertura del torace, sede di Kapha ed allontanino da esso la letargia e l'indolenza. Una specifica pratica yoga può aiutare ad ottenere questi benefici, si potrà iniziare pertanto con il pranayama Kapalabhati che aiuti a sviluppare le energie necessarie per eseguire gli asana successivi. Lo specchietto che segue può aiutare ad individuare la sequenza.

KapaYogasana			
Kapalabhati	Surya namaskara A-B	Trikonasana	Virabadrasana 1-2
Parshva virabadrasan.	Utthita parshvakonas.	Utkatasana	Navasana
Adhomukha shvanas.	Anjaneyasana	Setu bandhasana	Apanasana
Matsyendrasana	Balasana, di passaggio	Shirshasana	Shavasana

In questo schema, per brevità, non vengono indicate le necessarie posizioni di transizione tra un asana e l'altro.

Per Kapha è anche indicato uno yoga dinamico come il Vinyasa flow che stimoli il sistema respiratorio e quello circolatorio.

Vista la sua influenza comunque determinante nella nostra simulazione kapha-Pitta, passeremo ora a descrivere la tipologia **"Pittadosha"**. La sua costituzione avviene attraverso la combinazione degli elementi Acqua e

Fuoco; è creato da Tejas che rappresenta l'energia fondamentale del metabolismo tramite l'azione degli enzimi ed aminoacidi; la sua qualità è quindi il calore. Il termine Pitta può essere tradotto come *ciò che digerisce*. Come abbiamo accennato la sede principale di questo dosha è lo "intestino tenue", ma governa ed è presente anche nello stomaco, fegato, cistifellea, milza, pelle, sudore, grasso sottocutaneo.

Le sue **caratteristiche** sono oltre al calore, anche l'oleosità, fluidità, morbidezza, sapore amaro, ma è anche caldo, intenso, mutevole, liquido, leggero, tenero, sottile, mobile, penetrante, chiaro, esprime odore acre. Gli **upa-dosha**, le cinque funzioni (sub-dosha, dosha inferiori) di Pitta sono: *Pachaka* (smembra le cellule del cibo dividendo il "chilo" nella parte nutriente e quella di scarto), *Ranjaka* (produce la bile e gli enzimi del fegato, conferisce colore al sangue), *Sadaka* (è la sede del cuore, Ridhaya, dove risiede l'intelletto secondo l'antica cultura indiana), *Alochaka* (è responsabile del mantenimento del processo visivo), *Bhrajaka* (è nella melanina della pelle).

La sua **fisionomia** riguarda persone di corporatura ed altezza medio/alta con le articolazioni spesso rigide (nello yoga Pitta si deve impegnare per sciogliere la rigidità); la loro andatura è dritta e fiera; amano l'attività fisica e dinamica; la pelle è calda, oleosa soffice, delicata con presenza di nei ed eczemi; i capelli sottili, setosi e grassi, di colore bruno ma anche rossi, tendenti alla calvizie; gli occhi acuti e brillanti a prescindere dal colore; dentatura media e debole, sensibile al caldo ed al pungente.

Nell'ambito della **fisiologia** i tipi Pitta possiedono un buon appetito con buona digestione ed evacuazione, raramente hanno costipazione, vista anche la loro buona caratteristica metabolica; la sudorazione è abbondante; hanno il sonno facile di media durata e ricco di sogni; moderati e bilanciati nella sessualità; prediligono cibi dolci, amari ed astringenti, meglio evitare cibi piccanti ed aromatici. Pitta, al contrario di Kapha, è considerato liquido.

La **psicologia** di questo dosha caratterizza persone di forte personalità dominante, amano la fierezza, sono molto intelligenti ed acuti, tendono ad essere buoni oratori privilegiando rapporti verso coloro che più apprezzano per trarne "arricchimento" non necessariamente materiale, sono quindi molto selettivi nelle relazioni; sono caldi nei sentimenti ma emotivamente sensibili ad impulsi di odio, ira e gelosia quando motivati; sanno anche essere facilmente vendicativi, sognano molto ma in modo interrotto senza però pregiudicare risorse energetiche, i sogni sono quasi sempre passionari.

L'**alimentazione** più adeguata che inibisce l'aumento di Pitta riguarda i gusti dolce, amaro, astringente, con riguardo a quelli freschi, asciutti e pesanti, da sconsigliare i pungenti; andrà bene orzo, riso, miglio, avena, frumento per i cereali; per la frutta arance dolci, pere, prugne, cocco, fichi, melone, anguria, ananas dolce, cocco maturo, melagrana, mango maturo, uva passa; per la verdura funghi, barbabietole solo cotte, asparagi, carciofi, broccoli, cavoli, cavolfiori, cavolini di Bruxelles, finocchi, cetrioli, fagiolini, piselli, zucchine, peperoni, fagioli, insalata verde, sedano, menta, cipolle solo cotte; poi per la carne pollo, tacchino, coniglio, daino, cervo; andrà bene l'albume d'uovo e per il pesce i gamberetti; è indicata la ricotta, il latte, il ghi, l'olio di oliva, cocco, soia e girasole. Per le spezie sono indicate quelle amarognole come lo zafferano, la menta, la curcuma, il coriandolo, la liquirizia, il cumino, il prezzemolo, ma tutto con grande moderazione vista la particolare genetica doshica di questo "Umore". L'alimentazione "inappropriata" che aumenta questo dosha riguarda cibi piccanti, burro di arachidi, cibi fritti, tutti i frutti aspri e aciduli, limone, mirtilli, ciliegie aspre, arance amare, pesche con poco grado zuccherino, pompelmo, frutti di bosco, albicocche aspre, avocado, kiwi, ananas acidulo, rabarbaro, tamarindo; per la verdura pomodori, aglio, cime di rapa, cipolle crude, bietole, melanzane, ravanelli, spinaci, patate; per la carne manzo, agnello, maiale, ma anche il tuorlo d'uovo, il pesce ed il pane lievitato a causa della fermentazione; sono da evitare inoltre caffè, tè ed alcool.

Se pittadosha si trova in regime vikruti i **disturbi patologici** più ricorrenti possono interessare alterazione del metabolismo con iperacidità ed indigestioni, ma anche malattie principalmente del fegato, stomaco ed intestino.

L'**incremento** di Pittadosha da tenere sotto controllo per eventuali squilibri può verificarsi tra le ore 10 e 14 e tra le ore 22 e 2 della giornata. Nel caso di una vikruti corrente questi momenti, di conseguenza, dovranno essere particolarmente attenzionati. La stagione in cui stare attenti per evitare l'eccesso di Pitta è l'estate, il simile aumenta il simile.

Yoga, il tipo Pitta è caratterizzato dal fuoco, le sue qualità riguardano mobilità, leggerezza, penetrazione, oleosità, ma più che altro il dosha è contraddistinto dal calore, quindi per evitare gli eccessi ha bisogno di un esercizio fisico che stimoli effetti rinfrescanti, rilassanti, che evitino la iperattività favorendo movimenti lenti, più statici che non eccitino eccessivamente il metabolismo. Tra un'asana e l'altro sono importanti pause più lunghe specialmente dopo sequenze impegnative che abbiano sviluppato eccessivo calore e sudorazione. Una specifica pratica yoga può aiutare ad ottenere questi benefici, si potrà iniziare pertanto con una posizione comoda come Sukhasana con la quale esercitare una respirazione Shitali che doni una iniziale freschezza a tutto il corpo permettendo di affrontare posizioni successive più energiche. Lo specchietto che segue può aiutare ad individuare la sequenza.

PittaYogasana			
Sukhasana + Shitali	Surya namaskara	Utthita Trikonasana	Ardha Chandrasana
Utthita parshvakonas	Utthita parshvakonas.	Parivrit ardha Chandra	Setu Bandhasana
Apanasana	Virasana	Parivr. Janushirshasan	Paschimottanasana
Sarvangasana	Alasana	Uttanapadasana	Shavasana

In questo schema, per brevità, non vengono indicate le necessarie posizioni di transizione tra un asana e l'altro.

Per Pitta è indicata una seduta di Hatha yoga che eviti sequenze rapide e che permetta pause lunghe e posizioni mantenute.

Anche se **"Vata"** non è stato espressamente inserito nella simulazione di "diagnosi, cura e benessere" riportata nel nostro esempio, per completezza e per dare un quadro completo dei tridoscia, aggiungiamo le caratteristiche anche di questa figura. Prana è il principale costituente di Vata; i due elementi sono Etere ed aria, mentre il primo è lo spazio assoluto, il vuoto nel quale l'aria si muove liberamente, il secondo elemento è proprio quell'aria che in esso si sposta in maniera indipendente. Vata quindi governa conseguentemente il movimento, che non è soltanto quello del macrocosmo ma anche quello che si trova all'interno di un organismo biologico e non solo. Non soltanto, dicevamo, poiché Vata è anche energia sottile, ovvero quella energia che può muovere gli stati emotivi e psicologici di questo "Vizio". La sede principale di questo dosha è il "colon e cavità pelvica", ma governa ed è presente anche nel cervello, nello stomaco, organi genitali e sistema nervoso. Le sue funzioni principali sono: *Prana* (ciò che respira, muove verso il basso e l'interno), *Udana* (che muove verso l'alto), *Samana* (lineare, che equilibra), *Apana* (che muove verso il basso e fuori) e *Vyana* (circolare, che tutto pervade). Il primo è legato all'elemento Etere, ha sede nel sistema nervoso centrale, nella testa, nel cervello, controlla il corretto funzionamento della mente, del pensiero, del cuore, la respirazione e il cibo ingerito; il secondo è legato all'elemento Aria, ha sede nella gola e nei polmoni, controlla la parola, la respirazione, il processo mnemonico, rafforza l'intelletto; il terzo è legato all'elemento Fuoco, ha sede nello stomaco e nell'intestino, controlla la digestione e l'azione degli enzimi, regola il movimento della peristalsi, equilibra le emozioni; il quarto è legato all'elemento Terra, ha sede nel colon e nel basso addome, controlla e regola il processo di espulsione delle feci, urine, il seme maschile, il mestruo e il parto; il quinto è legato all'elemento Acqua, ha sede in tutto il corpo e controlla l'intero sistema cardiocircolatorio e la pressione arteriosa.

Le **caratteristiche** riguardano particolari dall'aspetto freddo, secco, leggero, sottile, ruvido, duro, irregolare, mobile, agitato, irrequieto, emotivo, chiaro.

La sua **fisionomia**, caratterizzata da caparbia fragilità, riguarda persone di corporatura media e snella con ossatura generalmente sottile e sporgente, giunture sottili, muscolatura poco sviluppata, viso ossuto, la pelle è secca, screpolata, ruvida, fredda e dal colore scuro, i capelli un po' fragili, spesso ricci od ondulati, occhi generalmente scuri, non molto luminosi, secchi, a volte infossati, i denti irregolari e sensibili al freddo, al dolce ed all'aspro, la lingua piccola con contorno irregolare (zig-zag), naso minuto e gradevole, si muove velocemente, è molto attivo fisicamente ma si stanca anche facilmente.

Nell'ambito della **fisiologia** i tipi Vata possiedono un appetito irregolare ed incostante con eccessi alternati e con digestione variabile, feci secche e dure con scarsa evacuazione, costipazione frequente, poche minzioni; hanno il sonno breve e disturbato con frequenti risvegli; i sogni sono agitati e movimentati; l'appetito e la digestione sono variabili, prediligono gusti dolci, aspri e salati con cibi e bevande calde, per loro sarebbe meglio evitare cibi piccanti ed amari; la sessualità può essere spesso esigente ed emotiva.

La **psicologia** di questo dosha caratterizza persone dalla forte creatività, Vata è brillante, idealista, teorico, pensatore, gioioso, entusiasta, socievole ed empatico, parla velocemente, è iperattivo, è impulsivo ed anche fin troppo ansioso, spesso preoccupato, il caldo lo appaga, molto attivo mentalmente, apprende rapidamente ed al contrario di kapha dimentica facilmente, specialmente ciò che riguarda la memoria remota.

L'**alimentazione** più "adeguata" che inibisce l'aumento di Vata riguarda i gusti dolce, aspro e salato, è adeguata la verdura cotta. Sono indicate patate dolci, ravanelli, cipolle solo cotte, asparagi, cetrioli, bietole, fagiolini, carote, cavolo cotto, porro, finocchi, olive nere, piselli solo cotti, peperoni, aglio, soia, zucca, per quanto riguarda le verdure; poi tutte le spezie dolci, calmanti e riscaldanti come zenzero, cardamomo, noce moscata, origano, timo, ginepro, aneto, cannella, origano, liquirizia, vaniglia, anice; per i cereali riso, grano, lenticchie, avena cotta; per la carne pollo, manzo, tacchino, e poi uova, pesce e formaggi; per la frutta albicocche, mango, ciliegie, fragole, kiwi, frutti di bosco, pompelmo, papaya, arance, ananas, limone, melone, banane, pesca, uva, susine, prugna, avocado; vanno bene gli oli in generale. L'alimentazione invece "inappropriata" che aumenta questo dosha riguarda cibi piccanti, astringenti, amari, con particolare riguardo alla frutta secca, mele, pere, cachi, angurie, mirtilli, melagrane, prugne secche; poi broccoli, cavoli, cavolini di Bruxelles, cime di rapa, sedano, melanzane, carciofi, rafano, funghi, cipolle crude, piselli crudi, peperoni, pomodori, cavolo crudo, olive verdi; riguardo i cereali orzo, mais, segale, grano saraceno, avena secca; per la carne maiale, mucca, agnello, coniglio, cervo; nelle bevande caffè, alcolici, birra, e poi ancora zucchero, tabacco.

I **disturbi patologici** più ricorrenti possono interessare quelli derivanti dalle malattie psicosomatiche, quelle della vescica e dell'ano, disordini mestruali, crampi, rigidità, tensioni, mal di schiena, reumatismi, magrezza, depressione.

L'**incremento** di Vatadosha da tenere sotto controllo per eventuali squilibri può verificarsi tra le ore 2 e 6 e tra le ore 14 e 18 della giornata. Nel caso di una vikruti corrente questi momenti, di conseguenza, dovranno essere particolarmente attenzionati. La stagione in cui stare attenti per evitare l'eccesso di Vata è l'autunno, il simile aumenta il simile.

Yoga, i tipi Vata amano il movimento, tendono ad essere freddi, rapidi, mobili, irregolari, variabili negli stati d'animo e nella personalità psicofisica; sono caratterizzati dall'elemento Prana, quindi il vento e il movimento li domina. Per evitare gli eccessi hanno bisogno di un esercizio fisico lento, leggero, stabile, caratterizzato dal radicamento sulle posizioni in piedi; per questo dosha sono importanti tutti le posizioni che tengano conto dell'equilibrio. Una specifica pratica yoga può aiutare ad ottenere questi benefici, si potrà iniziare pertanto con il pranayama a respirazione alternata come il nadi shodhana eseguito in modo dolce che aiuti a sviluppare la centralità fisica e mentale. Lo specchietto che segue può aiutare ad individuare la sequenza.

VataYogasana			
Sukhasana	Tadasana	Vrikshasana	Surya namaskara
Virabhadrasana II	Utthita trikonasana	Garudasana	Prasarita padottan. B
Parshvottanasana	Ashta candrasana	Virabhadrasana III	Shalabhasana A
Ushtrasana	Paschimottanasana	Sarvangasana	Shavasana

Anche in questo schema, per brevità, non vengono indicate le necessarie posizioni di transizione tra un asana e l'altro.

Contrariamente al tipo Kapha, per il quale era stata indicata una pratica più dinamica, per Pittadosha è preferibile eseguire Hatha yoga che sostenga posizioni maggiormente mantenute.

La diagnosi

Come accennato precedentemente l'ayurveda non esprime solo teoria e cultura; ogni informazione raccolta, tutte le notizie, i suggerimenti, la completa letteratura scientifica e la cultura relativa, tutti confluiscono verso lo strumento d'indagine che rappresenta il fine vero della medicina ayurvedica, ossia **"la diagnosi"**; con essa si definisce la "patologia", la "cura" e finalmente la salute ed il benessere.

I sintomi della malattia sono sempre riconducibili al momentaneo squilibrio dei tridosha. Mentre il medico ayurvedico (vaidya), con la propria specializzazione universitaria è in grado di curare il paziente in modo scientifico, anche l'**Operatore ayurvedico**, con le dovute limitazioni, applicando principi e conoscenze più generali, attraverso il **"massaggio"** può contribuire a fornire stati di benessere, sia nello stato patologico già manifesto, che in quello preventivo di mantenimento del benessere stesso. Sarà quindi significativa ed importante la sensibilità d'indagine che, con la necessaria esperienza, i due potranno destinare al paziente onde stabilire l'identità della genetica doshica ricercata.

Il modo corretto per comprendere una determinata patologia può essere ottenuto solamente attraverso la valutazione e la conoscenza di tre realtà fondamentali del corpo, relazionate tra loro: i_**dosha** (le tipologie), i **dhatu** (i tessuti) ed i **mala** (i prodotti di rifiuto dell'organismo). Qualsiasi altro approccio, diverso da questi, può condurre su un sentiero sbagliato ed inefficace. Da queste tre realtà interagenti si può scendere ancora più in profondità per analizzare altre consistenze nascoste nell'organismo. E' importante però, nell'affrontare ogni valutazione, compararne ogni preciso stato, confrontandolo con altri di giusto equilibrio. Si dovrà quindi cercare non una conoscenza assoluta, bensì una relativa, dove la comprensione della malattia possa identificarsi unicamente con il confronto di più parametri ad essa riconducibili. Da qui il concetto di omologo ed eterogeneo, ovvero la relazione che esiste tra **"samanya e vishesha"** (samanya= unicità di una cosa) e (vishesha=eterogeneo). L'omologo racchiude in se tante strutture diverse che sono eterogenee tra di loro, utili per capirne la provenienza. Nell'esempio, l'arachide (l'omologo) rivela il contenuto dei suoi componenti di olio e di sostanza secca (eterogenei) soltanto dopo essere stata spremuta, cioè analizzata. La patologia si rileva tramite la fisiologia in disequilibrio e, secondo l'Ayurveda, come accennato, si esamina con la verifica ed il controllo delle tre realtà: dosha-dhatu-mala. Tutto si fonda sulla comparazione dei sintomi normali con quelli patologici afferenti la rappresentazione doshica compromessa ed analizzata; non esiste pertanto una conoscenza assoluta unidirezionale. Questo concetto è fondamentale perché spiega la differenza sostanziale che esiste tra la medicina tradizionale e quella ayurvedica. Quella tradizionale interviene direttamente ed unicamente sul disturbo già in essere, mettendo in secondo piano le qualità psicosomatiche del **paziente (Rogi)**; quella ayurvedica, invece, analizza prima di tutto la peculiarità doschica del paziente e solo dopo prende in considerazione la diagnosi, la **malattia (Roga)** e la cura. Di conseguenza, nel caso dell'Ayurveda, esse vengono rigidamente studiate ed approfondite solamente ed unicamente in funzione della caratterizzazione doshica precedentemente individuata. Per spiegare meglio il concetto già accennato, possiamo affermare che la tipica sintomatologia di un determinato disturbo, non è detto che debba necessariamente essere attribuita ad una specifica malattia assoluta; per esempio per il diverso patrimonio doshico-genetico di due pazienti, la valutazione della stessa malattia potrebbe concludersi con una diagnosi discorde, proprio a causa della differente influenza sui due (diverse caratteristiche umorali di ognuno). Da qui il concetto ayurvedico "Rogi/Roga" dove, ripetiamo, Rogi rappresenta la singolarità del paziente e Roga la malattia.

Dhatu, Srota

Quando si trovano in **equilibrio** i diversi elementi quali: i **Dosha**; i sapta**Dhatu** *(ovvero i sette tessuti del corpo: plasma, sangue, muscoli, grasso, ossa, midollo osseo/sistema nervoso, tessuto riproduttivo shukra-spermatozoo e shonita-ovulo)*; gli **Srota** *(i canali per il trasferimento del nutrimento ai saptadhatu, responsabili del trasporto dei rifiuti, allattamento e mestruazioni, ma anche per l'alimentazione della mente e le emozioni); i* **Mala** *(feci, urine e sudore);* **Agni**, *(il fuoco digestivo);* quindi, quando tutti questi elementi sopra elencati, ripetiamo, si accompagnano ad una condizione mentale/fisica positiva si genera lo stato di salute, **Swastya**. *N.B. Vogliamo sottolineare che i sette Dhatu, sono i tessuti che, tramite l'ingerimento del cibo, agiscono sullo sviluppo e nutrimento dell'intero corpo, in realtà essi progettano e realizzano l'intera struttura portante dell'individuo. Ognuno di loro si genera dalla trasformazione di quello precedente, ed i relativi tempi di trasformazione dal primo al settimo, sono rispettivamente: 24 ore/3 giorni/4 giorni/5 giorni/20 giorni/30 giorni. Sin dal primo* *passaggio, quindi, la qualità del cibo alla radice si rivela fondamentale per la sana costituzione dei tessuti a caduta conseguenti, costituzione che sarebbe invece inevitabilmente deleteria, producendo malattie, in particolar modo nel sangue, ove il cibo stesso risultasse insalubre per scelte scorrette. Quando gli Srota risultano bloccati generano tossine-Ama nella lingua, stomaco, intestino tenue, colon, ecc., impedendo il normale metabolismo che crea malessere anche sullo stato emotivo.*

La vita delle cellule

Il nutrimento delle cellule è costituito da ossigeno, acqua, proteine, grassi, sali e zucchero. Questa nutrizione deriva dall'aria che respiriamo, dai liquidi che beviamo e dai solidi che mangiamo. Grazie a questi le cellule possono costruire il proprio protoplasma, una sostanza simile all'albume dell'uovo, che le costituisce e dona loro la possibilità di vivere, agire e riprodursi. La moltiplicazione avviene attraverso la separazione del nucleo in due parti che cominciano a generare ed a svilupparsi indipendentemente. Quando la crescita sarà completata avverrà la divisione di due unità (cellule) autonome che diventeranno a loro volta madri, pronte per una successiva separazione. Il trasporto di tutti i nutrienti alle cellule avverrà tramite il sangue. Questo è costituito da una parte liquida (plasma) e da corpuscoli solidi che sono i globuli rossi e bianchi. Quando il sangue arriva alle cellule porta nutrimento, quando si allontana da esse trasporta scarti e ossigeno esautorato che le cellule hanno prodotto in seguito al lavoro svolto. Il sangue in questo ultimo caso contiene anidride carbonica, è di colore scuro e si chiama venoso. E' invece arterioso quando, diretto verso le cellule, è ricco di ossigeno, con un aspetto dal colore rosso vivo. Il trasporto (dell'ossigeno) avviene per mezzo dei globuli rossi e di una sostanza contenuta in essi che si chiama emoglobina.

Dopo questa utile digressione, torniamo nuovamente al tema! Come è stato ampiamente argomentato in precedenza, PRAKRUTI rappresenta la costituzione delle "qualità" del soggetto caratterizzata alla nascita, ed è di fatto indelebile; VIKRUTI è lo stato temporale in cui si registra una patologia quando si sta alterando un equilibrio; essa è normalmente legata a più fattori fisiologici e/o mentali e può ripetutamente cambiare in funzione di essi. Ogni qualvolta si verifichi una malattia occorrerà identificarla e correggerla attraverso il controllo di più parametri normalmente utilizzati in medicina ayurvedica. Una corretta diagnosi si terrà quindi con la misurazione dei rilevamenti applicati al protocollo di medicina che saranno comparati con le "dichiarazioni sintomatologiche del cliente/paziente".

Dwividha e Dashavidha Pariksha

Roga si divide in due settori: "**DWIVIDHA** Pariksha e **DASHAVIDHA** Pariksha". **Dwividha** (duplice diagnosi) si suddivide a sua volta in: "Pratyaksha ed Anumana". La prima (tradotto visione totale) individua la malattia attraverso la semplice osservazione dello stato fisico del paziente: se emaciato, se presenta segni di evidenti patologie, oppure attraverso la palpazione o auscultazione; la seconda (tradotto inferenza, supposizione) individua la malattia, appunto, attraverso la supposizione conseguente particolari avvisi di disturbo che richiedono ulteriore approfondimento clinico. La seconda generale suddivisione di Roga assume il termine medico di **"Dashavidha"** e prende in considerazione dieci fattori messi in relazione tra loro, detti perciò dashavidha pariksha (diagnosi attraverso 10 punti), essi sono: **1) organo**, da identificare -**2) sito**, dove si sta manifestando la patologia -**3) forza**, con che impeto -**4) tempo**, in che momento della giornata o dell'anno -**5) fuoco digestivo**, succhi gastrici e metabolismo -**6) costituzione** doshica -**7) età**, incisiva nella patologia del dosha perché in relazione al progressivo invecchiamento del corpo che va dall'anabolismo di kapha (inerente la crescita), al metabolismo di Pitta (lo stato maturo, il mantenimento), fino al catabolismo di Vata (il deterioramento) -**8) mente**, riconducibile allo stato emotivo -**9) tolleranza**, grado di autodifesa dalla malattia -**10**) **cibo**, quindi l'alimentazione.

Nadi e Jiwha Pariksha

La classificazione doshica può essere confermata e convalidata con l'accertamento di differenti parametri psicosomatici, spesso riassunti tramite la compilazione di specifici questionari sottoposti al paziente/cliente dal medico od operatore ayurvedico, ma anche attraverso il **"Nadi e Jiwha Pariksha"**, ovvero l'esame del polso radiale Nadi e quello della lingua Jiwha che verifica anche la presenza di eventuali problemi gastrici. Il termine sanscrito parikha viene tradotto con diagnosi, esame clinico. I metodi per riconoscere il progresso della malattia, quali siano i processi patologici che stanno avvenendo nel corpo, dove si stiano accumulando le tossine e quali organi siano interessati, sono in realtà diversi. Oltre quelli sopra citati, che a noi più interessano, possiamo citare anche gli esami e le osservazioni del volto, degli occhi, delle labbra, delle unghie, ecc.. In questo testo tratteremo soltanto i due più importanti che trovano ampio riscontro nella letteratura ayurvedica antica e moderna. Con il metodo **Nadi** l'analisi incede portando sul polso dell'esaminato un adeguato contatto dei polpastrelli delle dita indice, medio ed anulare, avendo cura di posizionare il primo dito nella concavità che si trova subito dopo il "processo stiloideo del radio". Il processo si identifica mediante una sporgenza ossea dietro il pollice, e il dito indice dovrà coincidere necessariamente con la concavità consecutiva. L'esame va fatto la mattina a stomaco vuoto, in tranquillità, non durante la digestione, non a digiuno, non dopo un atto sessuale od un'attività fisica, lontano da fonti di calore, ecc. Occorre percepire sotto quale dito si stia rilevando il battito; se questo è prevalente sotto il dito indice si rileva la presenza di **Vata**; se è prevalente sotto il medio si rileva **Pitta**, se è sotto l'anulare si rileva **Kapha**. Quando percepiremo il dosha Vata, apprezzeremo uno stimolo veloce, flebile, freddo ovvero anonimo, non corposo, leggero, sottile che tende a scomparire sotto la pressione; il suo **Gati** (la caratteristica) ricorderà il movimento di un serpente strisciante ; Vata ha normalmente 80-100 pulsazioni al minuto. Il dosha Pitta sotto il dito medio invece è prominente, forte, caldo, ampio, solleva il dito palpante; il suo Gati ricorda il salto ben definito di una rana ; normalmente Pitta ha 70-80 pulsazioni. Il dosha Kapha, sotto il dito anulare è profondo, lento, ondulato, ampio, corposo e regolare; il suo Gati ricorda il movimento di un cigno , di un elefante ; normalmente Kapha ha 60-70 pulsazioni. Esiste ancora una "frequenza sannipata" rilevabile incisivamente sotto le tre dita, con tutti i dosha in equilibrio e le pulsazioni rapide. Per ultimo va menzionata la "frequenza duale", ovvero prevalente sotto due dita, inerente quindi due dosha. L'altro esame molto importante in ambito ayurvedico è quello della lingua, **Jiwa pariksha**. La lingua è lo specchio dell'assimilazione e della digestione e rivela quale è la condizione patologia riferita al fuoco digestivo, Agni. Nello stato di buona salute, la superficie dovrà essere chiara e pulita secondo le varie costituzioni; una lingua invece scura e particolarmente patinosa indicherà la presenza di problemi digestivi. Ma per avere una inequivocabile buona "lettura" dell'organo, onde evitare falsi sintomi dovuti al deposito di residui di cibo e quindi di tossine, occorrerà che venga pulita con apposito raschietto netta lingua, quotidianamente e con continuità. In relazione alla conformazione doshica, la dimensione, la forma e il contorno della lingua dovranno essere: per Kapha grande, larga, spessa con forma arrotondata; per Pitta media o ridotta e spesso leggermente appuntita; per Vata sottile, ridotta o allungata e con forma irregolare (a zig-zag), spesso tremolante. Il colore dell'organo in buona salute dovrà essere: per Kapha biancastro con una sottile patina, per Pitta rosa chiaro, per Vata leggermente nerastra. Una lingua con dosha esasperato sarà invece: per Kapha patinosa e viscida, gialla, per Pitta con piaghe ulcerose e sensazione di bruciore, di colore giallo, per Vata asciutta, ruvida e spaccata.

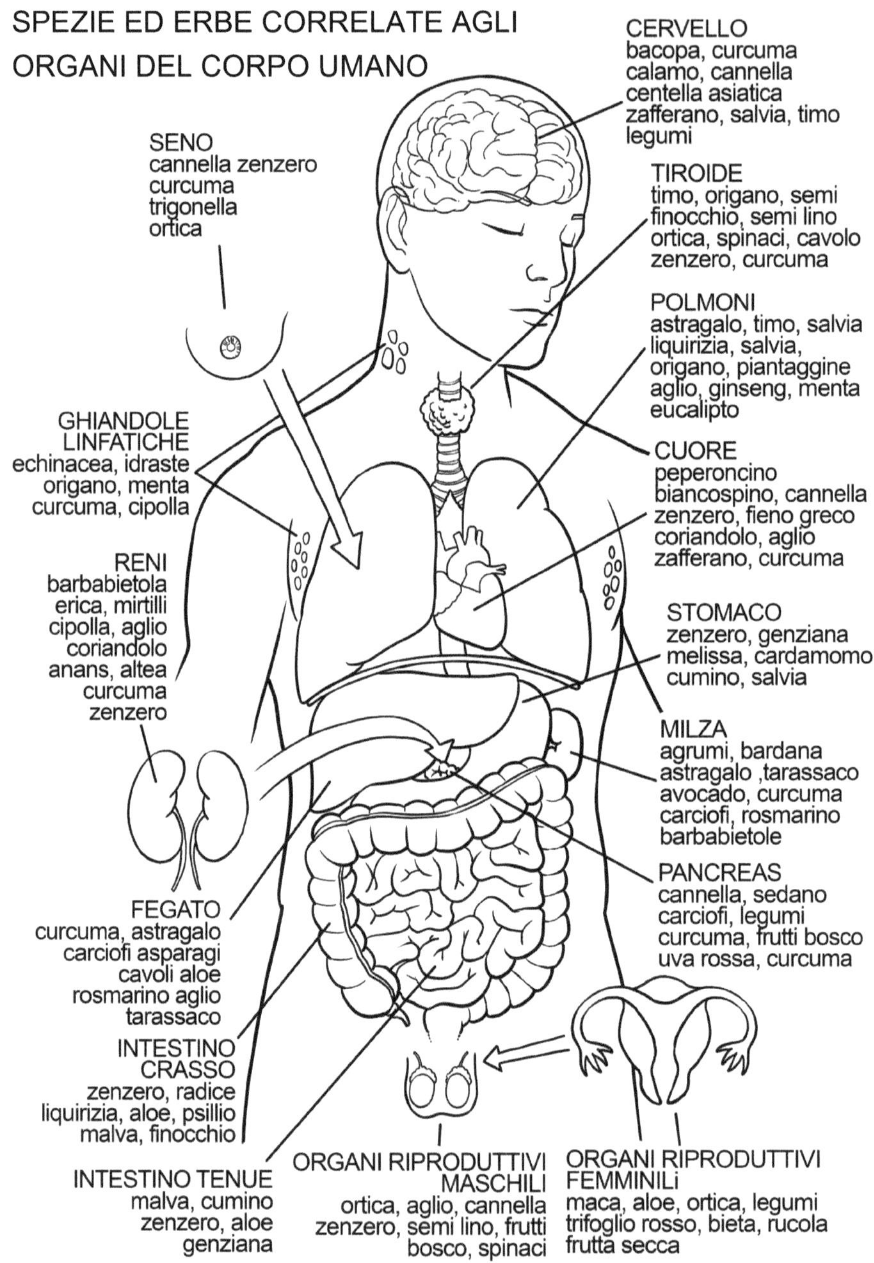
SPEZIE ED ERBE CORRELATE AGLI ORGANI DEL CORPO UMANO
CERVELLO
bacopa, curcuma
calamo, cannella
centella asiatica
zafferano, salvia, timo
legumi
SENO
cannella zenzero
curcuma
trigonella
ortica
TIROIDE
timo, origano, semi
finocchio, semi lino
ortica, spinaci, cavolo
zenzero, curcuma
POLMONI
astragalo, timo, salvia
liquirizia, salvia,
origano, piantaggine
aglio, ginseng, menta
eucalipto
GHIANDOLE LINFATICHE
echinacea, idraste
origano, menta
curcuma, cipolla
CUORE
peperoncino
biancospino, cannella
zenzero, fieno greco
coriandolo, aglio
zafferano, curcuma
RENI
barbabietola
erica, mirtilli
cipolla, aglio
coriandolo
anans, altea
curcuma
zenzero
STOMACO
zenzero, genziana
melissa, cardamomo
cumino, salvia
MILZA
agrumi, bardana
astragalo ,tarassaco
avocado, curcuma
carciofi, rosmarino
barbabietole
PANCREAS
cannella, sedano
carciofi, legumi
curcuma, frutti bosco
uva rossa, curcuma
FEGATO
curcuma, astragalo
carciofi asparagi
cavoli aloe
rosmarino aglio
tarassaco
INTESTINO CRASSO
zenzero, radice
liquirizia, aloe, psillio
malva, finocchio
INTESTINO TENUE
malva, cumino
zenzero, aloe
genziana
ORGANI RIPRODUTTIVI MASCHILI
ortica, aglio, cannella
zenzero, semi lino, frutti
bosco, spinaci
ORGANI RIPRODUTTIVI FEMMINILi
maca, aloe, ortica, legumi
trifoglio rosso, bieta, rucola
frutta secca

Esempio di diagnosi nella *simulazione* d'identificazione del dvadosha KAPHA-PITTA

(ricordiamo che nel nostro paziente il dosha Kapha è preminente e Pitta è comunque rilevante)

1) VIKRUTI, **"dichiarazioni del paziente"**, **2)** Conferma di Vikruti con **"Pratiaksha ed Anumana"**, **3)** **"Dashavidha Pariksha"**.

1) Vikruti, dichiarazioni del cliente. Sulla base del disturbo temporaneo di Kapha prevalente e Pitta comunque consistente, abbiamo rilevato i seguenti riscontri. Il cliente/paziente dichiarava le seguenti patologie: appetito squilibrato, metabolismo e digestione lenti ed irregolari con eliminazione insufficiente o addirittura eccessiva dei rifiuti (feci lente e vischiose a volte anche solide, minzioni urinarie patologiche di aspetto torbido e giallo scuro, il tutto proprio tipico delle presenza contrastante Kapha/Pitta), poi ancora quantità eccessiva di muco, la pelle secca e ruvida, arrossata, insonnia, poca energia psicofisica, affaticamento, nervosismo, scarsa attività sessuale. I disturbi si acutizzano tra le ore 6 e 10 e tra le 18 e le 22 ma anche nella tarda serata e prime ore della notte, tipiche di Pitta. Il malessere in generale si manifesta ripetutamente durante il tardo inverno e inizio primavera, ma a volte anche in estate, stagione che caratterizza Pitta.

2) Pratiaksha è confermata dall'aspetto del cliente emaciato, con difficoltà alla regolare respirazione, produzione di catarro, tosse, raffreddore, intasamento del sistema respiratorio per rilevante eccesso di muco, eccessiva salivazione, febbricitante, lingua patinosa e viscida, arrossata, spesso di colore decisamente giallo che rivela accumulo di tossine per inadeguata alimentazione ed esasperato fuoco gastrico ad episodi isolati, pelle rugosa, fegato e stomaco ingrossati, secchezza nei tessuti e negli organi, sistema immunitario impoverito, fisicamente debole con muscolatura atrofizzata, obeso, manifesta gonfiore e pesantezza, carattere intollerante. **Anumana** suggerisce un controllo dell'alimentazione che difatti risulta inappropriata alle costituzioni doshiche per eccesso di grassi, fritture, formaggi e latticini, dolci, bevande fredde o gelate, cibi esageratamente piccanti e salati, alcool; inoltre a seguito dell'inferenza anche la risultanza di inattività fisica alternata ad inspiegabile iperattività e nervosismo, lunghi sonni dopo i pasti, mancanza o eccesso di competizione in generale, repressione dei sentimenti, difficoltà ad addormentarsi, scarsa memoria dei sogni.

3) Dashavidha pariksha: attraverso la valutazione dei dieci parametri della diagnosi si rileva: una prorompente quantità di muco in tutto il sistema respiratorio, in particolare nel naso, nella bocca e nella gola, che si manifesta principalmente nella stagione invernale ed all'inizio della primavera; il metabolismo prevalentemente lento si alterna ad episodi isolati di bruciore nello stomaco; i succhi gastrici sono frequentemente insufficienti; il cliente è un ultra cinquantenne la cui età indica un naturale inizio di catabolismo; la mente è in uno stato facilmente emotivo, riconducibile a motivi personali ma anche ad un disagiato organismo; il grado di autodifesa contro il temporaneo malessere psicofisico è inadeguato alla gravità dei disturbi; il malessere, in generale, aumenta anche per l'eccesso di alimentazione dai gusti dolci, aspri e salati, considerati umidi e pesanti, quindi inappropriati alla tipologia doshica di Kapha prevalente.

Dalla **risultanza** della diagnosi, pertanto, si evince un particolare eccesso di Kapha ed una apprezzabile esuberanza di Pitta.

RACCOMANDAZIONI: Prima di procedere al piano di cura del cliente/paziente, rileviamo che per la costituzione dvadoshica (due tipologie rilevanti) Kapha-Pitta, spesso *contrastanti* tra loro, gli interventi mirati a bilanciare la loro condizione dovranno essere stabiliti con cura, evitando che il riequilibrio dell'uno possa aumentare (peggiorare) la condizione dell'altro e viceversa; cosa tra l'altro per niente facile, se non impossibile nei casi più difficili. L'**Operatore ayurvedico** od il **Vaidya**, di conseguenza, potrebbero essere obbligati a favorire leggermente il dosha che hanno giudicato al momento più compromesso, con l'impegno di valutare in un momento successivo, ma non lontano, un ulteriore accertamento con la conseguente stesura di un nuovo piano di cura.

Esempio di piano di cura

1) Divieti e consigli nell'alimentazione, **2)** Stile di vita, **3)** Scelte comportamentali, **4)** Massaggio.

(poiché nel nostro esempio stiamo sviluppando la simulazione dell'identità dvadosha Kapha-Pitta, prenderemo in considerazione prevalentemente l'alimentazione che presenta caratteristiche ***comuni*** *ad ambedue, tralasciando le altre intrinseche di ognuno che richiederebbero ben più ampia esposizione).*

N.B. Le indicazioni sull'alimentazione sono generali in quanto, come detto, le caratteristiche favorevoli o sfavorevoli dell'uno sono spesso contrarie all'altro. Sovente sono quindi necessari adattamenti in base alle allergie ai cibi o alla forza di Agni, ma anche ai periodi stagionali.

1a) Consigli per l'alimentazione. (Per ambedue i dosha sono consigliati i gusti amaro e astringente ma con moderazione).

SPEZIE: in ayurveda sono estremamente importanti perché permettono una prima cottura del cibo e quando l'alimento arriva nell'organismo trova già una maggiore disponibilità delle molecole alla frantumazione. Nella tipologia dwadoshica di questa simulazione l'assunzione dovrà essere fatta con estrema attenzione poiché l'effetto della maggior parte delle spezie è quasi sempre discordante tra i due dosha in questione. Pitta è il dosha più soggetto ai disturbi derivanti dall'uso delle spezie.

VERDURA/ORTAGGI: preferibile verdura cruda e in poca quantità, sono consigliati asparagi, cavoli, cavolini di Bruxelles, broccoli, cetrioli, piselli, patate, lattuga, funghi, sedano, ravanelli ma non per Pitta;

FRUTTA: mele, pere, fichi, mango, avocado, prugne secche;

CEREALI: orzo, riso non integrale, riso basmati;

LEGUMI: quasi tutti;

CARNI: pollo, tacchino, coniglio, cervo, daino, gamberetti, anche uova; si consiglia comunque una consistente limitazione dei consumi;

LATTICINI: ghi (burro chiarificato: latte bollito a lungo, privato di proteine e caseina);

OLIO: di girasole;

1b) Divieti nell'alimentazione. (Valgono le stesse note sopra citate. Per ambedue i dosha sono sconsigliati i gusti aspro e salato).

ORTAGGI/VERDURA: (sono molto spesso contrastanti tra i due dosha), pomodori;

FRUTTA: banane, pompelmo, limoni, arance amare, ananas, papaya, tutta la frutta secca;

CEREALI: (sono molto spesso contrastanti tra i due dosha), avena, riso integrale, grano aumenta Kapha ma diminuisce Pitta;

LEGUMI: pochissime proibizioni;

CARNI: maiale, manzo, agnello ed anche pesce;

LATTICINI: evitarli in generale;

OLIO: generalmente sconsigliato;

Nell'ambito della cura, l'eccesso di kapha e Pitta si elimina anche mediante massaggio, purga, vomito e dieta, propri del panchakarma.

2) Stile di vita. E' consigliata una regolare alimentazione anche in funzione del tempo di assunzione giornaliero che non dovrà essere troppo tardiva per la colazione, il pranzo e la cena, la quantità dovrà essere moderata e misurata in funzione del proprio stato fisico, si dovrà mangiare lentamente, in silenzio e con consapevolezza; si consiglia una regolarità nelle passeggiate quotidiane, non estenuanti ma neanche troppo brevi; la pratica del "Pranayama" nelle diverse tipologie di esercizio ossigena il sangue, purifica il cuore e i polmoni, calma la mente ed equilibra la coscienza; un'attenzione particolare sarà rivolta all'evacuazione metodica e regolare; sarà sempre necessaria una buona igiene del corpo, qualità nelle relazioni con gli altri, impegno intellettuale, equilibrato carico lavorativo, attività fisica adeguata all'età, escursioni appaganti, giusta vitalità, emozioni bilanciate, buon umore; si dovrà dormire regolarmente ma non subito dopo i pasti; fare yoga è fortemente consigliato per il riequilibrio psicofisico, poiché è considerato il percorso del viaggio all'interno di noi stessi, la specifica metodologia potrà essere relazionata alla vikruti corrente; digiunare un giorno a settimana diminuirà la formazione di tossine.

3) Scelte comportamentali. Nell'ambito interiore si dovrà lavorare dove il sedime psicologico è stato influenzato da eventi o condizioni negative; perciò in contemporanea a quella condizione occorrerà trovare delle nicchie in cui la mente possa trovare piccoli spazi comodi e appaganti, capaci di opporsi e superare il confine delle frequenze negative momentaneamente dominanti. Saranno consigliati perciò: tempo libero, socializzazione, affetti, letture, musica, hobbies, vacanze, razionalità ed equilibrio, serenità, promuovere l'allegria, affrontare i problemi anche con ironia, favorire altruismo, benevolenza, mantenere una sana curiosità su ciò che ci circonda, fare volontariato finalizzato alla cooperazione, cimentarsi in attività che migliorino l'umore, giusta competizione nel raggiungimento degli obiettivi prefissati; fare regolarmente meditazione riduce la "fatica emotiva", favorisce il rinnovo delle sinapsi e sostiene la riduzione del "carico cognitivo" del cervello restituendo la giusta luminosità. In definitiva dovranno essere promosse ed accolte tutte quelle attività e circostanze in cui il nostro sistema nervoso centrale possa accumulare cospicue quantità di serotonina, ovvero di quel particolare neurotrasmettitore che è la sostanza chimica sintetizzata principalmente nel tratto gastrointestinale e nel cervello. La serotonina, in modo reciproco, regola il buonumore, il metabolismo, l'appetito, regola i ritmi circadiani e la memoria. Le proteine dei legumi contengono rilevanti quantità di triptofano che è il principale componente della serotonina, l'assunzione di questi alimenti quindi è sempre raccomandata.

4) Massaggio. Verrà applicato un trattamento "**Kaphabhyanga**" che aiuterà a ridurre i problemi tipici di questo dosha, come grasso in eccesso, pesantezza, tensioni muscolari, ritenzione idrica, depressione, pigrizia. Le manovre riguarderanno principalmente l'*impastamento/petrissage* ed altre manualità con apporto di calore, movimento dinamico e leggerezza. Si inizierà dai piedi per proseguire poi verso gambe, schiena, braccia, addome, torace, collo, testa e viso. L'olio impiegato sarà caldo ed astringente come sesamo, senape, oliva. L'altro massaggio che prenderemo in considerazione nella nostra simulazione riguarderà "**Pittabhyanga"** che favorirà il recupero della tranquillità, del rilassamento e l'equilibrio della digestione spesso esasperata.
Le manovre riguarderanno principalmente l'accarezzamento/sfioramento con effetti calmanti e rinfrescanti. La sequenza inizierà con un trattamento sulla testa per poi proseguire su collo, viso, occhi, naso, spalle, tutto il corpo. L'olio impiegato avrà caratteristiche rinfrescanti come quello di cocco e coriandolo.

Per ottenere il massimo beneficio, l'Operatore ayurvedico che eseguirà il massaggio sul soggetto dvadoshico dovrà essere attento nello scegliere la manipolazione più adatta al paziente, di conseguenza questa potrà anche essere di tipo misto e alternato alle due tipologie Kapha/Pitta precedentemente individuate.

Qualche informazione in più circa la tecnica del massaggio. Vorrei introdurre questo argomento iniziando con un "passaggio" che il mio maestro di ayurveda ha voluto evidenziare all'inizio dei suoi testi del corso di formazione per Operatori: *"che differenza passa tra un massaggio ed una carezza?..... **nessuna**"*. Una rimarchevole e famosa citazione Zen dice che "*per essere abbracciati reciprocamente bisogna aprirsi reciprocamente!*" Così, il massaggio **Abhyangam** rappresenta uno dei trattamenti più importanti a corollario del Pancha Karma per eliminare o contenere le tossine, ma individua anche il veicolo per trasferire ad altri, in un mutuo rapporto tra chi dona e chi riceve, la propria *"affettività"*, semmai nascosta, è quindi anche, e soprattutto, il regalo di una esperienza emotiva. I benefici che ne deriveranno saranno fisici, fisiologici e psicologici.

A prescindere dalla costituzione doshica (Prakruti) che caratterizza il cliente/paziente, il massaggio dovrà essere rivolto principalmente in direzione delle dominanze momentanee, (Vikruti), adeguandolo specialmente alle tecniche del dosha che è stato momentaneamente colpito, quindi: anti Vata, anti Pitta, anti Kapha, ma sarà anche orientato alle loro diverse interrelazioni temporanee o costitutive.

L'ambente dovrà essere salubre e ben areato; il clima confortevole; profumi delicati, se graditi al paziente, potranno essere utilizzati con parsimonia; il Terapeuta ayurvedico dovrà curare il proprio aspetto indossando possibilmente indumenti bianchi e leggeri, la sua concentrazione sarà esclusivamente rivolta verso chi riceve il massaggio, guadagnandosi anche la sua fiducia; la stanza sarà sufficientemente illuminata ma non eccessivamente; dovrà essere rispettato il silenzio, ma se gradita, sarà possibile diffondere una musica adeguata a bassissimo volume appena percepibile; la comunicazione tra operatore e paziente dovrà essere esclusivamente tattile, colui che dona il massaggio dovrà avere estrema sensibilità verso le sensazioni e le reazioni di chi riceve, ascoltando la manualità che sarà adeguata di volta in volta alle risposte percepite. Chi beneficia del massaggio dovrà presentarsi a stomaco vuoto, dopo aver evacuato l'intestino e la vescica, preferibilmente aver fatto una doccia calda, mantenere gli occhi chiusi e respirare liberamente; non dovrà nascondere di provare dolore o benessere in modo che chi effettua il massaggio ne divenga consapevole; non dovrà sonnecchiare né pensare, ma rilassato, *percepire tutto ciò che accade* valutando gli effetti derivanti dall' introspezione e dal raccoglimento della mente scevra da ogni altro pensiero o circostanza. Prendendo a prestito atteggiamenti yoga, cercheremo quindi di passare dallo stato *bahiranga* (esterno, distratto) a quello *antaranga* (interno, di consapevolezza), offrendoci incondizionatamente a quella particolare esperienza. L'intera esperienza dovrà iniziare con una delicata comunicazione che potrà avvenire attraverso un morbido contatto in qualsiasi parte del corpo per almeno trenta secondi, onde proseguire poi nel massaggio cercando di non perdere mai il contatto. Se tutto sarà fatto secondo i canoni il massaggio potrà regalare sensazioni di piacevole armonia, proprio quelle emozioni di cui corpo e mente hanno sempre più spesso bisogno.

Al paziente quindi dovrà essere garantito un approccio comportamentale emotivamente sano ed equilibrato, in grado di donare serenità, benessere e fiducia. L'Operatore ayurvedico, ovvero l'**Upastata** ("stata" = *colui che sta* ; "upa" = *vicino a*), *colui che sta vicino al paziente,* con la propria presenza dovrà assicurare un perfetto continuativo legame simbiotico con chi riceve il massaggio.

Secondo lo psicologo John Watson (1913) ***"il comportamento è la risultante di uno stimolo ambientale immediatamente riscontrabile"***, e la risultante, a nostro parere, può portare dritto verso il *condizionamento ambientale* con una conseguente "attivazione comportamentale" di grado positivo. ***"L'attivazione comportamentale è una tecnica che ha l'obiettivo di incrementare la consapevolezza che vi sono attività piacevoli in cui coinvolgersi, portando ad interazioni positive con l'ambiente.(Dr. Skinner-1953)".*** Se questo sottile meccanismo sarà avviato, allora, ad ogni massaggio al quale il paziente si sottoporrà, la mente, tramite il Sistema nervoso centrale e quello del suo parente stretto Sistema nervoso periferico, riconoscendo il messaggio percepito in quell'ambiente, invierà automaticamente l'ordine di predisporre il corpo verso uno stato di garantito benessere. Poiché la parte motoria del sistema Autonomo Parasimpatico non è controllabile, il raccoglimento favorito dallo stato "antaranga" faciliterà in modo incontrovertibile il successo del rilassamento ricercato, aiutando i sistemi cardiocircolatorio, respiratorio, digestivo ed endocrino. L'abilità e la professionalità del terapista ayurvedico dovranno garantire che si verifichino facilmente tali condizioni onde assicurare quei processi.

A proposito del Sistema nervoso, vogliamo fornire di seguito brevi cenni di questo importante *"strumento"* che comanda e regola completamente il nostro apparato psicomotorio.

Come funziona il Sistema nervoso

Il **Sistema Nervoso** si suddivide in due tipologie: **Centrale** e **Periferico**. Il primo risiede nel cervello e nel midollo spinale, i relativi neuroni motori, gestiscono gli impulsi nella muscolatura scheletrica. Il secondo, quello Periferico, si suddivide in tre parti: sistema nervoso **Somatico**, **Autonomo** ed **Enterico**.

Il sistema Somatico è collegato a qualsiasi azione o sensazione coinvolga consapevolmente la nostra persona, dal controllo del movimento muscolare, agli impulsi sensoriali del tatto, della vista, dell'udito, del dolore o del piacere. Questo sistema è ovviamente ampiamente coinvolto nella respirazione che ne fa uso sia quando vogliamo regolare l'intensità della respirazione nella varie attività, che quando siamo coinvolti semplicemente da tosse, starnuto od altre azioni corporali. Tutto ciò avviene attraverso il comando posto nella corteccia cerebrale che influenza i motoneuroni per la respirazione. Il sistema Somatico è caratterizzato da:

a) <u>neuroni sensoriali</u> che inviano informazioni al Sistema Nervoso Centrale, attraverso recettori somatici ubicati nella testa, nelle parti del corpo, negli arti e nei sensi della vista, udito, tatto ed olfatto;

b) <u>neuroni motori</u> che conducono impulsi dal Sistema Nervoso Centrale ai muscoli scheletrici; queste risposte motorie possono essere controllate, quindi l'azione è considerata volontaria.

Il sistema Autonomo agisce indipendentemente dalla nostra volontà e regola prevalentemente l'azione delle viscere, del cuore, della pressione sanguigna, delle ghiandole sudorifere, della digestione, dell'evacuazione e di tutte quelle azioni degli organi interni non controllabili dalle nostre intenzioni. Questo sistema è coinvolto e collegato agli input sensoriali degli organi interni diretti al cervello e, come il sistema Somatico, è ovviamente ampiamente coinvolto nella respirazione che ne fa uso a prescindere dalla nostra volontà, come nella libera respirazione durante il sonno profondo. Il sistema Autonomo è anch'esso caratterizzato da:

a) neuroni sensoriali che inviano informazioni al Sistema Nervoso Centrale, attraverso recettori sensoriali autonomi localizzati principalmente negli organi viscerali, stomaco, ecc;

b) neuroni motori che conducono impulsi dal Sistema Nervoso Centrale alla muscolatura liscia, cardiaca e ghiandole.

Poiché la parte motoria di questo sistema non è controllabile, esso si divide ancora in **Simpatico** e **Parasimpatico**; generalmente i due sistemi svolgono azioni opposte. Il primo sistema prepara il corpo alle emergenze (combatti o fuggi), cioè azionando automaticamente ed in modo autonomo, tutte le reazioni dovute ai riflessi che provengono dai recettori sensoriali tipiche di quelle impreviste criticità, come l'aumento del battito cardiaco, la sudorazione, l'incremento della salivazione e della frequenza respiratoria. Il sistema Parasimpatico invece, al contrario, è caratterizzato da tutte quelle situazioni tipiche di uno stato di calma ed agisce solamente come semplice regolatore di supporto alle normali funzioni dei nostri organi interni.
Il terzo sistema preso in esame è quindi quello Enterico, i cui milioni di neuroni svolgono azioni lungo quasi tutto il tratto gastro intestinale, l'azione stessa di questo sistema è ovviamente anch'essa involontaria.

Concetto di meditazione

Un'ampia esposizione merita la meditazione. Nel mondo olistico questo esercizio ricopre un ruolo fondamentale, è perciò ritenuto ottimo viatico anche per l'introduzione alla pratica spirituale e la sua realizzazione. In questo rilevante capitolo introdurremo di conseguenza alcuni concetti che aiuteranno il lettore a capire meglio la dinamica, lo sviluppo e l'importanza di particolari atteggiamenti consoni ed esplicativi di questa peculiare, enigmatica e misteriosa pratica.

E' risaputo che il normale uso di un computer nelle comuni operazioni quotidiane per scopi generici, è estremamente limitato e quasi per nulla sfruttato. Sappiamo anche, da tecnici specializzati, che se utilizzato appropriatamente e con competenza, le sue capacità possono aumentare di centinaia di volte le sue potenzialità. L'elaboratore concepito come una macchina per automatizzare alcune capacità della mente umana, come la memorizzazione ed il calcolo, di fatto ne potenzia anche la portata ed il processo. Non si vuole qui paragonare un elaboratore elettronico alla mente umana, ma sappiamo che, alla stessa stregua di un computer, la mente ha infinite capacità intellettive, che se utilizzate in specifici ambiti di applicazione, possono portare a risultati straordinari e sorprendenti. Gli scienziati affermano anche che l'uomo, in merito alla mente, è cosciente solo di una piccolissima parte delle proprie capacità, il rimanente della sua natura e dei suoi poteri gli sono ancora sconosciuti. Ma la mente ha anche una particolare caratteristica che il computer non ha: **"l'intuizione"**; quindi è importante ed essenziale **"guidarla"**. Chi pratica yoga da molti anni sicuramente ricorderà uno dei personaggi più emblematici di questa disciplina: Patanjali, e ricorderà, in particolare, il famoso aforisma del suo YOGA SUTRA, che in lingua sanscrita così recita: "yoga citta vritti nirodhah"; yoga è l'arresto delle modificazioni della mente, yoga è la sospensione delle turbolenze della mente. Questo testo infatti tratta lo studio della natura umana e la sua evoluzione mentale e spirituale e si suddivide in quattro parti (pada). Riferendosi al secondo capitolo del testo, Patanjali spiega quali siano le vie da seguire per la totale emancipazione dell'essere umano, esse sono rappresentate dall'***Ashtanga yoga***, ossia gli otto rami/membra. Noi vogliamo ricordare soltanto quei "rami" che più interessano ai fini della nostre riflessioni, ovvero il samyama:

"dharana", ossia la concentrazione su un oggetto conosciuto, sia esso interno o esterno, concreto o astratto, materiale o spirituale;

"dhyana", ossia la meditazione a seguito della concentrazione, lo scambio fortemente meditativo tra il sé conoscente e l'oggetto conosciuto;

"samadhy", ossia unire con, congiunzione tra colui che medita e l'oggetto della meditazione, ovvero la fusione e l'unificazione.

Non tratteremo nelle nostre considerazioni questo tema evolutivo e spirituale che meriterebbe più ampie riflessioni.

Ci piace ricordare che lo yoga è il percorso del viaggio all'interno di noi stessi. Dhyana, è la meditazione più evoluta e spirituale, la meta del cammino dello yoga prima di arrivare al Samadhy (dal sanscrito e successivamente dal devanagari: mettere insieme) è anche il settimo ramo dello Ashtanga yoga, ossia il percorso finale della metamorfosi etica.
Altri sei importanti passaggi dell'Ashtanga, prima del Dhyana, cercheranno di guidare il praticante (sadaka) verso un percorso retto e, per il suo scopo, anche ineluttabile, modellandolo con parole, azioni, dinieghi e pensieri in una perdita dei confini oltre i quali, nel ramo successivo del Samadhy, totalmente affrancato dal desiderio, il Sé interiore Atman si fonderà con l'Entità superiore della Coscienza.
Con Essi, in questa condizione, il sadaka raggiungerà finalmente il Kaivalya, **"vera felicità, che non è quella dei sensi"**.

Tornando alla meditazione, le domande che vorremmo porci sono: quanto la concentrazione può interferire sui riflessi e le reazioni del nostro corpo? In una condizione di buona salute, esiste un limite in cui il corpo resta totalmente condizionato dalla mente? Nella sperimentazione dei processi mentali permane sempre una azione evolutiva della energia sottile, essa spesso, magari inconsapevolmente, rimane costantemente speculativa anche in quelle commistioni in cui i confini tra l'energia e la materia o la causa e l'effetto possono essere ingannevoli, proprio come lo può fare un "riflesso miotatico inverso" sul sedime della fisiologia. Emanciparsi dalla realtà allora è possibile? Si, questo è possibile con una forte volontà ed in condizioni ambientali compatibili ed adeguate. La mente deve trovare una sua "comodità", quindi i requisiti e le condizioni favorevoli che questa esperienza dovrà avere sono: l'isolamento, l'ambiente, l'orario, l'assenza di rumori esterni, la mente scevra da ogni pensiero o circostanza, il buio, l'introspezione, l'interiorizzazione nell'oggetto della meditazione, un'adeguata consapevolezza e, condizione essenziale, mantenere per tutto il tempo dell'esperimento una **ferrea, irremovibile concentrazione**.

La mente (citta) è difficile da aggiogare, si ribella ogni qual volta si cerchi di controllarla, ovvero si cerchi di concentrare l'attenzione; caratterizzata da forte resilienza, essa cerca di eludere con ogni mezzo, ogni controllo, volando libera oltre lo steccato della propria immaginazione, nella totale emancipazione del proprio confidare.

Paradossalmente, in una forma surreale e visionaria, la sua arma preferita si configura nell'assenza di un risultato tangibile e duraturo nei suoi confronti; occorre perciò perseverare in quell'isolamento, abbandonando l'intelletto condizionato dalle percezioni. La meditazione in definitiva non è altro che una forma di pulizia della mente, la purificazione dei pensieri, ed allora si rinunci a tutti i pensieri, si rimanga nel nulla, si rimanga nella redenzione totale! Gli elementi della forma contemplativa sono tre: colui che medita, l'oggetto della meditazione ed il processo di meditazione.

La mente può essere controllata solo attraverso una intensa concentrazione sullo stesso oggetto (Dharana), e questo si realizza quando viene introvertita da una forte volontà o da un'attitudine distaccata, condizioni essenziali per il successo del procedimento. Solo così, successivamente, essa potrà immergersi rapidamente sull'oggetto desiderato da cui si sente attratta, aprendosi finalmente alla metamorfosi del processo voluto (Dhyana). Secondo lo Siva-Samhita, *"la prima condizione per ottenere il successo nello yoga è la fiducia nella sua realizzazione, la seconda è la fede in esso, la terza la venerazione per il maestro, la quarta il sentimento di uguaglianza universale, la quinta il controllo degli organi dei sensi, la sesta la moderazione nel cibo; una settima condizione non c'è."* (Cap 3°- verso 18).

Questo versetto, se preso nella giusta considerazione, potrà offrire un'adeguata determinazione.

Le forme o i processi di meditazione riconosciuti sono tre:

a) meditazione sulla forma grossolana o Sthula Dhyana;

b) meditazione sulla luce o Jyoti Dhyana;

c) meditazione sottile o Sukshma Dhyana

Per le personali esperienze ognuno sceglierà la propria via, ma lo svolgimento della sperimentazione dovrà avvenire compatibilmente con la presa in considerazione di tutte le condizioni sopra espresse.

Le ore migliori sono quelle della notte che vanno dalle ore 23 alle 4 favorendo così tutti gli effetti benefici che ne derivano come l'assenza di rumori esterni, l'isolamento, la riduzione delle distrazioni. E' in quelle ore centrali della notte che la mente esprime il picco della propria fecondità, una buona ossigenazione favorirà il rinnovo del flusso benefico del sangue arterioso sia per il cervello che le altre parti del corpo; lasciamo quindi che il nostro respiro divenga tridimensionale, qui valuteremo gli effetti derivanti dal buio, l'introspezione ed il raccoglimento.

Il sistema filosofico Samkhya, in un contesto dottrinale Vedico, stabilisce il suo fondamento sul principio per il quale **ogni "fenomeno" deve sempre possedere una sua "causa", e sottilizza affermando che questo** ***preesiste già nella causa.*** Ma allora in una sorta di sillogismo, se l'essere umano crede nella realtà divina, quella stessa realtà sarà la sua causa, mentre l'effetto di essa resterà soltanto egli stesso, confermando per conseguenza la validità del lungo cammino dello yoga.

Il buon risultato di una meditazione (molto spesso introdotta nella disciplina olistica) non potrà prescindere mai dalla costanza. Chi conosce il rimarchevole testo medievale dell'Hathayoga-Pradipika ricorderà forse i versetti 66 e 67 che così recitano:

> *66) "Ne' indossare le vesti dello yogin, né parlare di Yoga è causa della realizzazione finale, bensì la pratica è la causa della realizzazione. Questa è la verità, senza dubbio".*
>
> *67) "Gli asana, i vari tipi di Kumbhaka e le eccellenti pratiche, tutti debbono essere usati nell'esercizio dello Hatha, fino al raggiungimento del frutto, il Raja-yoga".* (lo yoga regale e spirituale).

L'esercizio della meditazione, oltre a rappresentare un buon viatico per un corretto stile di vita, è considerato anche un'ottima pratica all'interno di una completa disciplina yoga. Per ottenere al meglio questo risultato si dovrà passare prima attraverso una buona concentrazione, facilitata anche da una propedeutica ed "affascinante" descrizione introduttiva, come la rappresentazione di un luogo, un ambiente, un oggetto, un soggetto, una scena, ecc., spesso utilizzati nella *"pratica d'ingresso"* alla Kundalini. La condizione ideale della meditazione è quando la mente si ritrova senza più sostegno e supporto, cioè dove si nasconde il confine tra l'essere e il nulla in direzione di una desiderata incoscienza, mentre la destinazione finale sarà dove finisce la comprensione, ovvero verso il "sunya", il vuoto, la trasparenza. Secondo l'Hathayoga-Pradipika la realtà suprema, che è lo stato di Shambhu (Shiva), il Turya verso la via del Samadhi, si verifica quando si raggiunge la condizione scevra dalle qualità del vuoto, ovvero priva anche delle proprietà del "non vuoto" che caratterizzano la vera assenza della percezione. La meditazione in definitiva non è altro che una forma di pulizia delle fluttuazioni della mente (vritti), la purificazione dei pensieri, e a proposito del massaggio, allora, si rinunci a tutti gli altri pensieri e si rimanga unicamente in quella *"condizione ambientale"* che corpo e ragione hanno trovato un attimo prima di immergersi in quella piacevole nuova esperienza. Se tutto sarà fatto in modo "amorevole", alla fine del massaggio potremo finalmente beneficiare di quell'incredibile stato di benessere appena raggiunto, velato soltanto di insolita e curiosa meraviglia!

Nell'equazione metafisica che caratterizza il mondo olistico, il corpo è considerato il sostegno della mente e la mente il sostegno della coscienza.

Abhyangam e la tipologia dei massaggi

I tipi di manualità che vengono usati per i trattamenti, favoriscono diversificati benefici tesi prevalentemente a riequilibrare l'eccesso del dosha interessato. Generalmente "l'*accarezzamento rinfresca"*, lo *"strofinamento riscalda"*, "l'*impastamento scioglie"*. Anti *Vata* suggerisce un massaggio *pesante* con olio caldo contro i dolori; anti *Pitta* suggerisce un massaggio *dolce* con olio calmante e rinfrescante; anti *Kapha* suggerisce un massaggio *dinamico* per riscaldare, sciogliere e drenare. Le tecniche: per stimolare occorre strofinare contro pelo e in senso antiorario (pratiloma), per calmare occorre strofinare nell'altro lato e in senso orario (anuloma).

Le tecniche riguardano:

1) accarezzamento o sfioramento: è rinfrescante e calmante, anti Pitta;

2) strofinamento: produce calore e morbidezza, anti Vata;

3) impasto/petrissage: scioglie tensioni muscolari, l'eccesso di grasso, anti Kapha;

4) torsione: dona calore, anti Vata e Kapha;

5) dondolamento: riabilita le articolazioni, anti Vata-Pitta-Kapha;

6) picchiettamento: (tapotement) si suddivide in quattro tipologie e stimola il sistema nervoso, produce calore e bruciore, anti Vata e Kapha;

7) vibrazione: si suddivide in tre tipologie, si usa sui punti Marma per migliorare le articolazioni (i Marma ricordano le posizioni dell'agopuntura cinese, sono i punti strategici dove si incrociano vasi sanguigni, nervi, legamenti, tendini, muscoli e ossa), sblocca i Pancha Vayu, ammorbidisce gli organi, disperde le flatulenze, anti Vata e Kapha;

8) pressione: anch'esso si usa sui punti Marma, migliora le articolazioni, anti Vata e Kapha;

9) pompaggio: si muovono le mani aperte premendo sulle zone della muscolatura per scioglierla. Un altro beneficio si ottiene posizionando una mano sulla nuca e l'altra sull'osso sacro, poi come a voler pompare, si preme su quest'ultimo espirando, si favorirà così la salita dei fluidi lungo la colonna vertebrale, è anti Vata e Kapha;

10) frizione ad anello: utile per lombaggini e sciatalgie;

11) mungitura: migliora la circolazione e la pressione sanguigna alta e bassa, anti Vata, Pitta e Kapha;

12) agitamento: agevola il rinnovamento del sistema nervoso, anti Vata-Pitta-Kapha ;

13) strizzamento: è il movimento finale nel massaggio ayurvedico alle braccia e gambe, favorisce la fuoriuscita del dolore e delle tensioni attraverso le estremità del corpo.

Le tipologie dei massaggi più impiegati sono:

- Sharirabhyanga – (il massaggio totale). Viene eseguito su tutto il corpo e coinvolge progressivamente testa, collo, viso, maxillofacciale, guance, mento, mandibola, regione temporale, orecchie, pressione sulla fossetta sita nella parte superiore dello sterno, braccia, tronco, schiena, parti laterali del tronco, gambe, per finire poi con padabhyanga ovvero il massaggio ai piedi. Quest'ultimo in realtà richiede una manipolazione a parte, vista la complessità dell'organo caratterizzato anche da riflessologia sul resto del corpo.
- Muriabhyangam – (manipolazione delle articolazioni). In questo massaggio tutte le articolazioni vengono sollecitate e manipolate con lo scopo di sbloccarle. Le azioni che caratterizzano questo massaggio, nel quale dovrà essere evitata la forza, riguardano rotazioni, piegamenti, dondolamenti, schiocchi e vibrazioni. Muriabhyangam cura traumi, disturbi articolari, respiratori, reumatici e circolatori. Le articolazioni pertinenti interessano cranio, collo, spalle, gomiti, polsi, dita mani e piedi, scapole, colonna, bacino, ginocchia, e caviglie. La tipologia dosha che può beneficiare maggiormente di questo massaggio è Vata, poiché è "l'umore" che soffre più di questi disturbi, vista la struttura che lo caratterizza.
- Kaphabhyanga – (massaggio rivolto al dosha kapha). I benefici che si possono ottenere da questo massaggio riguardano la minor ritenzione idrica, lo scioglimento del grasso accumulato, la minor pesantezza, e tutti quelli che contraddistinguono negativamente l'atteggiamento caratteriale di questo "umore", come pigrizia, letargia, flemma e

depressione. La manualità principale che sarà impiegata riguarda soprattutto l'impastamento che potrà essere si profondo, con manovre adatte all'apporto di calore e movimento, ma che concernerà anche leggerezza, specialmente sulle parti ritenute al momento più fragili. Il massaggio inizierà dai piedi e poi su verso gambe, schiena, braccia, addome, torace, collo, testa e viso.

- Pittabhyanga – (massaggio rivolto al dosha Pitta). I benefici che si possono ottenere da questo massaggio riguardano maggiormente il rilassamento, viste le caratteristiche umorali di questo "vizio", oltre ad un maggiore equilibrio che si potrà conseguire sulla capacità digestiva. La tecnica prevalentemente impiegata sarà quella dello strofinamento. Le parti interessate saranno testa, naso, collo e spalle, con i quali inizierà la sequenza, per proseguire poi con il viso e gli occhi; su quest'ultimi saranno inserite tre gocce di olio di ricino o di triphala, che è un antichissimo integratore risalente al 1500 a.C. composto da tre erbe, citato nelle Charaka e Sushruta Samhita, poi speciali tecniche di azione sugli occhi aiuteranno a lubrificare le parti, tutto in maniera opportuna. Completata la prima parte di pittabhyanga, due terzi su tre del tempo impiegato al massaggio saranno tutti dedicati al resto del corpo. La tecnica utilizzata riguarderà quella dello strofinamento continuo, sempre ripetitivo, tale da suscitare sensazioni di voluta "monotonia, veicolo del completo rilassamento ricercato.
- Nala Abhyangam – (massaggio venoso). I benefici che si possono ottenere da questo massaggio riguardano la miglior circolazione sanguigna del flusso venoso. La pressione e il movimento, che è quello che caratterizza questa parte del sistema cardiocircolatorio, vanno dalle estremità verso la direzione del cuore. La tecnica di manipolazione riguarderà, strofinamenti lunghi e circolari, adattando ad essi una pressione media. Si inizierà dalle gambe per proseguire con la schiena, le braccia, il torace e la testa. L'olio utilizzato sarà anti-Vata, adatto a patologie con disturbi venosi e cattiva circolazione.

- Nadi Abhyangam – (massaggio arterioso). I benefici che si possono ottenere da questo massaggio riguardano la miglior circolazione sanguigna del flusso arterioso. La pressione e il movimento, che è quello che caratterizza questa parte del sistema cardiocircolatorio, vanno dal cuore in direzione delle estremità, seguendo anche il senso della crescita e sviluppo dei peli. La tecnica di manipolazione riguarderà, per il tronco strofinamenti circolari, mentre sulle braccia e gambe dovrà essere a spirale, adattando ad esse una pressione consistente. Si inizierà dal torace per proseguire con le braccia, testa, schiena, gambe e piedi . Anche qui l'olio utilizzato sarà anti-Vata, adatto a patologie con disturbi reumatici e di cattiva circolazione.
- Marma e Marmaterapia. La struttura portante di un corpo umano è costituita da 206 ossa, grandi e piccole, sottili e spesse che rappresentano circa il 20% del peso corporeo, e 654 muscoli di diversa natura e grandezza legati all'attività motoria del soggetto, chiamati volontari o scheletrici, questi rappresentano il 40-50% del peso corporeo. Esiste poi una sottostruttura composta di tendini, articolazioni, giunture, ecc. che ne danno la completa e regolare composizione strutturale. In Ayurveda i Marma sono punti di pressione particolarmente speciali poiché corrispondono a centri di energia vitale; comprendono organi ed elementi importanti del nostro corpo, come cuore, vene, articolazioni, tendini, vescica, ossa, muscoli, giunture, ecc., alcuni dei quali anche connessi alla sfera delle emozioni. Sebbene ricordino i punti dell'agopuntura cinese, in realtà alcuni di loro hanno una superficie maggiore giacché , come detto, ospitano l'incontro di elementi con maggiore estensione. Stimolati opportunamente con massaggi ayurvedici ed uso di oli specifici o manipolati con semplici pressioni delle dita, possono "spronare" il contrasto di un malessere, la rimozione di tossine, il miglioramento del flusso energetico, oppure rimuovere un trauma già manifesto. Secondo il Sushruta Samhita il corpo ospita 127 punti Marma così suddivisi: 22

negli arti superiori, 22 negli arti inferiori, 12 nel torace e nell'addome, 14 nella schiena, 37 nel collo e nella testa. Un'altra suddivisione importante li distingue in "letali e terapeutici"; i primi se sollecitati fortemente possono causare danni incontrovertibili o provocare addirittura morte istantanea; i secondi invece, trattati opportunamente, possono mitigare o guarire stati patologici. Ovviamente i primi, seppur conosciuti dal vaidya, non sono trattabili. In India, sin dai tempi antichi, i guerrieri già conoscevano i marma fatali del corpo, tant'è vero chele loro corazze, chiamate "varma", erano costruite in modo tale da proteggere, nelle azioni di attacco e difesa, le parti più esposte a rischio mortale. La marmaterapia si può praticare con la tecnica del "Varmabhyangam", ovvero un massaggio eseguito con leggera vibrazione che aumenterà progressivamente con una pressione sempre più intensa ed un ritmo più deciso. Un altro metodo di trattamento riguarda la Aroma terapia, con l'utilizzo di oli aromatici come il sandalo o la canfora. Esiste ancora un metodo di trattamento che riguarda la Pressione (Mardama), ovvero quando si esercitano sui marma decise pressioni combinate con opportuni massaggi. I marma possono essere ulteriormente trattati con impiastri di erbe di sandalo, zenzero, curcuma ed altro; oppure mediante trattamenti interni, assumendo pillole e decotti di erbe. La marmaterapia non si sottrae neanche ai salassi in corrispondenza dei punti interessati, all'agopuntura di tipo cinese, all'applicazione del caldo sulle parti circoscritte, o addirittura alla cauterizzazione con alcali di erbe o sostanze caustiche applicate in prossimità dei marma. Gli oli che si raccomandano sono rispettivamente: per Vata dosha, il sesamo, mandorla, oliva e ghi; per Pitta dosha, il cocco, girasole, zafferano, ghi; per Kapha dosha, la senape, zafferano, albicocca, sesamo ma quest'ultimo in quantità ridotta.

- Padabhyanga – (massaggio ai pedi). In realtà questo massaggio, seppur considerato autonomo, è parte dello Sharirabhyanga. E' un trattamento rivolto a chi ha problemi di sofferenza ai piedi. Le particolari manipolazioni, in base al disturbo che si vuole alleviare, tendono ad eliminare dolori che ostacolano la normale deambulazione, sciolgono le articolazioni prevenendo i crampi, eliminano la ruvidità, curano le screpolature, ridonano la morbidezza, riducono l'intorpidimento e favoriscono la resistenza dei piedi. La manipolazione inizierà con una "mungitura" di tutto il piede sia nella posizione prona che in quella supina; si proseguirà trattando il lato esterno del piede a partire dal malleolo, scivolando poi verso la punta del quarto dito; proseguendo ancora, con una pressione adeguata si farà scivolare il pollice della mano nel mezzo del dorso del piede partendo dalla caviglia verso le dita; andando avanti nel massaggio, nella posizione prona, spingeremo i pollici su tutta la pianta del piede per poi mungerla a partire dai talloni (spinti con energia) verso le dita; eseguita la manovra precedente, in posizione supina, tratteremo i cuscinetti delle piante spingendoli con forza con movimento circolare; andando ancora avanti sfregheremo energicamente, con la mano piatta, tutta la pianta del piede in tutte le direzioni; avviandoci verso la fine del massaggio afferreremo un dito alla volta del paziente stretto tra pollice ed indice, e manovrando eseguiremo movimenti circolari alternati a mungitura. Il massaggio poi si concluderà, sempre nella posizione supina, inserendo il nostro dito indice tra lo spazio interdigitale del paziente, sfregandolo avanti e indietro con una leggera pressione in uscita. Tutto il massaggio sarà eseguito impiegando olio caldo a circa 40 gradi.

- Padaghata – (massaggio eseguito con l'uso dei piedi). Si tratta di una esecuzione particolare in cui il terapeuta dovrà esercitare delle manovre con una pressione considerevole, compatibilmente alle parti da trattare, pressione di cui il paziente dovrà precauzionalmente essere a conoscenza. Colui che effettua il massaggio dovrà essere fornito di un attrezzo atto a sostenere il suo equilibrio poiché nella esecuzione dovrà utilizzare uno o tutti e due i piedi, a seconda della parte da trattare. Questo sostegno potrà essere una corda appesa al soffitto, oppure in alternativa, la spalliera di una sedia o il corpo di un assistente su cui appoggiarsi. Le manovre che saranno effettuate, per almeno cinque minuti ognuna, interesseranno tutto il corpo, ed a partire dal lato posteriore inizieranno dalla schiena per poi proseguire verso spalle, tratto cervicale, braccia, polsi, glutei, gambe, piedi; sul lato anteriore riguarderanno palmi, spalle, braccia, ascelle, torace, addome, gambe, anche e piedi. La sequenza delle parti da trattare sarà comunque individuata dal terapeuta secondo la propria esperienza. Questo peculiare tipo di massaggio è particolarmente indirizzato alle tipologie Vata e Kapha, che per la loro definizione psicofisica, si configurano come le figure più "bisognose".

L'orario migliore per ricevere Abhyangam è quello del mattino, a stomaco vuoto e dopo aver provveduto ai bisogni fisiologici.

<u>Tipologia dell'olio</u>. I tipi di olio **(Taila)** che si impiegano nei massaggi sono a base di sesamo, senape, cocco, oliva, mandorle, coriandolo, ecc.; altri tipi, di produzione unicamente indiana, possono avere da 10 fino a 73 componenti e sono ottenuti attraverso lunghi, complessi ed estenuanti procedimenti di estrazione.

<u>Velocità di assorbimento</u>. Il tempo di assorbimento da un tessuto all'altro (Dhatu) dell'olio e dei suoi componenti (ingredienti) presenti in esso è stabilito dal Susruta Samhita cap. XXIV-XXX e viene stimato in:

- 96 secondi, pari a 300 matra (unità di misura=3,125 sec.), quando entra nella radice dei follicoli piliferi;
- 128 sec., pari a 400 matra, quando raggiunge tutto lo spessore del derma;
- 160 sec., pari a 500 matra, quando raggiunge il sangue;
- 192 sec., pari a 600 matra, quando raggiunge i muscoli;
- 224 sec., pari a 700 matra, quando raggiunge il tessuto adiposo;

- 256 sec., pari a 800 matra, quando raggiunge il tessuto osseo:
- 288 sec., pari a 900 matra quando raggiunge il midollo osseo;

L'olio applicato ai piedi entra nella struttura più profonda in circa 5 minuti, per questa ragione occorre che ogni piede sia trattato per almeno lo stesso tempo.

Per avere il massimo effetto dai massaggi, è necessario fare subito dopo un riposo di almeno 15-30 minuti, in seguito è consentito beneficiare di un bagno caldo.

Panchakarma

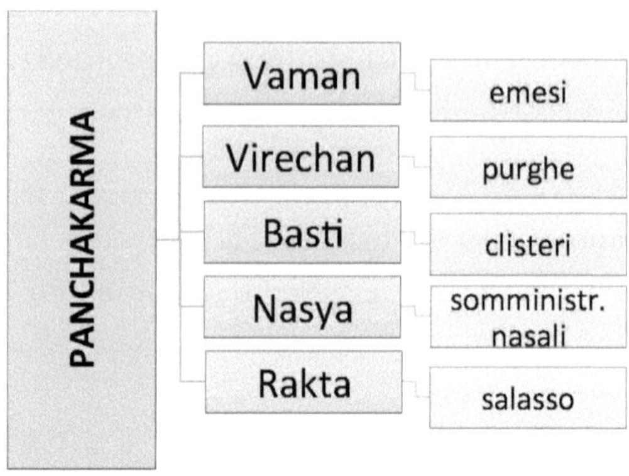

Uno degli argomenti importanti dell'Ayurveda riguarda il Panchakarma, ovvero le cinque azioni purificanti del corpo (pancha=cinque; karma=azione). Sono trattamenti antichi che trovano riscontro in diversi testi fondamentali come il Charaka e Susruta Samhita, Hathayoga Pradipika, Shiva Samhita, Gheranda Samhita ed alcune Upanishad, ma alcune anticipazioni di queste purificazioni si riscontrano anche nei testi sacri dei Rig Veda. Questi cinque tipi di trattamento svolgono una triplice funzione: 1) rimozione ed eliminazione delle tossine e dei mala; 2) inibizione preventiva delle tossine; 3) riequilibrio dei dosha alterati che rappresentano, di fatto, le energie che gestiscono le complete funzioni biologiche dell'organismo; queste azioni, in definitiva, servono a ristabilire la completa salute del corpo in maniera mirata. Nella pratica di purificazione, la totale efficacia terapeutica del Panchakarma si sviluppa mediante tre fasi specifiche: 1) Purva Karma che si può considerare propedeutica e preparatoria o comunque ad azione più lieve; 2) Pradana Karma, ovvero quella esecutiva che riguarda le cinque purificazioni vere e proprie, alcune delle quali a carattere più invasivo; 3) Pashchat Karma, che raccogliendo gli effetti del post trattamento sul paziente ne fornisce una diagnosi complessiva allo scopo di suggerirne successivamente un trattamento di mantenimento.

- Purva Karma. Sono azioni preparatorie esterne atte a generare il riequilibrio dei dosha alterati. Le tecniche applicate sono: 1) Snehana, si esegue mediante l'applicazione di oli e ghee sul corpo ; 2) abhyanga, massaggi con l'utilizzo di oli; 3) swedhana, terapia della sudorazione; dhara e vasti, bagno con flusso di oli e preparati di erbe medicamentose su viso, testa ed altre parti del corpo. *(nota: tutte le azioni qui descritte nel Purva Karma saranno meglio dettagliate nei paragrafi seguenti, quando saranno ampliate ed esposte in modo più articolato).*
- Pradana Karma. Sono le cinque azioni fondamentali di purificazione del corpo, che potremmo classificare come interne. Sono interventi specifici, mirati esclusivamente alla rimozione di particolari patologie fortemente radicate nell'organismo. Le descriviamo come segue.
   1) Vaman, ovvero il vomito terapeutico. E' la tecnica emetica che prevede prevalentemente l'espulsione del cibo non digerito e tutte le cause derivanti da una congestione dell'apparato digerente. Può alleviare anche diverse patologie dell'apparato respiratorio, le ostruzioni linfatiche e l'inappetenza. Il vomito terapeutico si può causare, oltre che con i rimedi farmaceutici, anche con semplici preparati tipicamente ayurvedici. In quest'ultimo caso si possono assumere delle tisane concentrate di calamo, radice di liquirizia, cardamomo, prese in alternativa l'una all'altra; ma va bene anche il classico rimedio della nonna con due o tre bicchieri di acqua calda salata. In ambo i casi sarà bene sollecitare lo stimolo strofinando il fondo della lingua vicino al palato molle. Un uso precauzionale è richiesto nelle patologie polmonari, cardiache, in gravidanza e in astenia. Vaman è indicato contro l'eccesso di Kapha.
   2) Virechan, ovvero la somministrazione di lassativi. Se ne fa uso nei casi di disturbo intestinale e per purificare colon, stomaco, fegato, ma anche contro le infiammazioni croniche tipiche delle enteriti, diarrea, sindrome del colon irritabile, malattie della pelle. Pure in questo caso l'azione purgativa può essere stimolata con l'assunzione

di farmaci normalmente reperibili in commercio, oppure ingerendo preparati ayurvedici. Anche qui se si utilizza il metodo olistico, una tazza di latte bollente con due o tre cucchiaini di burro chiarificato prima di coricarsi può dare risultati soddisfacenti. Virechan è un'azione rivolta in special modo all'eccesso di Pitta. E' controindicata nei casi di astenia, febbre, coliti, fuoco gastrico inefficiente.

3) Basti, ovvero il clistere. E' un'azione che coinvolge il retto e di conseguenza il colon nel quale vengono introdotte a scopo curativo sostanze come oli e decotti a base di erbe come la centella asiatica, la liquirizia, anche mista a ghee, oppure a base di olio di sesamo; l'Ayurveda non disconosce clisteri di sostanze nutritive come latte o brodo di carne. Il clistere si usa contro le infiammazioni croniche, febbre, per alleviare problemi del sistema digestivo e costipazione, mal di schiena, sciatica, artrite, calcoli renali, influisce nelle disfunzioni sessuali, disturbi nervosi e neurologici; è indicato ai cambi di stagione. Per ottenere una migliore efficacia in tutto l'intestino, sarà bene trattenere le sostanze introdotte almeno per un tempo di cinque minuti. Le controindicazioni riguardano diarrea, anemia, problemi respiratori, debilitazione dell'organismo, gravidanza. E' indicato contro Vata in eccesso.
4) Nasya, ovvero le somministrazioni nasali. E' indicato per eliminare in special modo muco e tossine accumulate nelle vie respiratorie superiori e nella testa. Gli organi interessati sono naso, cavità paranasali, gola, testa. Se sono presenti disturbi quali secchezza, congestioni, sinusite, convulsioni, mal di testa, fastidi all'apparato uditivo come afonia, questi possono essere alleviati tramite l'inalazione di sostanze medicate a base di erbe. Una buona terapia è costituita anche da massaggi sulle narici; in questo caso si opera inserendo il dito mignolo, preventivamente immerso nel burro chiarificato (ghee), e massaggiando delicatamente, ma sempre più a

fondo, si decongestionano e lubrificano le pareti interne del naso. Tra i benefici più immediati si riscontra un maggior flusso respiratorio ed anche un'azione positiva sulle fibre interessate che agiscono sull'ipotalamo. Non si riscontrano particolari controindicazioni per questa terapia. Lo Shatkarma Neti (Jala neti, Sutra neti, Vyutkram neti) combinato con il Panchakarma Nasya è in grado di dare efficaci benefici alle vie aeree e stimolare anche le funzioni visive ed uditive; la netta sensibilizzazione dell'olfatto e la chiara definizione degli odori sono alcuni dei vantaggi più immediati. Ambedue le azioni sono indicate contro l'eccesso di Kapha.

5) Rakta, ovvero il salasso. E' l'ultima tecnica purificatrice del Panchakarma. Anticamente questa azione veniva eseguita mediante impiego di sanguisughe, oggi questa usanza è stata ampiamente superata, salvo casi sporadici tipici delle comunità più arretrate e tribali. Rakta è efficace contro i disturbi del fegato provocati dalle tossine che si depositano nel tratto gastrointestinale, ma allevia anche i problemi del metabolismo che caratterizzano infiammazioni, gonfiore e ricorrenti dolori articolari dovuti all'alta concentrazione di acido urico nel sangue (artrite, gotta). Il salasso si propone anche nelle manifestazioni esantematiche quali herpes, scabbia, eczema, orticaria, ecc.. L'estrazione di una contenuta quantità di sangue può aiutare a stimolare il sistema immunitario. Le controindicazioni riguardano i casi dove è evidente una marcata debilitazione fisica come astenia, anemia, debolezza generalizzata, anoressia, emaciazione. Oltre al salasso, per la depurazione del sangue, l'Ayurveda suggerisce l'assunzione di alcune sostanze naturali come l'infuso di radice di bardana, la curcuma, lo zafferano, la radice di calamo in polvere. Pitta risulta il maggior beneficiato contro la sua stessa iperazione.

❖ Pashchat Karma. Sono i risultati derivanti dagli effetti del Panchakarma con i quali il Vaidya, mediante ulteriore diagnosi del paziente (roghi), stabilisce un programma di mantenimento al fine di superare definitivamente la patologia rilevata (roga). Una dieta mirata e appropriata, unitamente all'assunzione di specifici preparati ayurvedici, sarà lo strumento ideale di questo programma.

Ora, vista la rilevante importanza di questo tema, desideriamo approfondire di seguito, in modo più specifico, una articolazione dettagliata di questo particolare argomento già introdotto nei paragrafi precedenti.

Una prima suddivisione generale del Panchakarma è rappresentata da due iniziali vie ben distinte: Brimana e Langhana (come vedremo in seguito, queste rappresentano anche due delle sei azioni terapeutiche dell'Ayurveda), all'interno delle quali si collocano le varie procedure. Brimana è una terapia tonificante e nutriente in quanto utilizza elementi caratterizzati da Terra ed Acqua, che sono quelli nutrienti tipici dell'accrescimento dei tessuti. Al contrario, l'altra via Langhana è una terapia riducente e disintossicante perché prevede gli elementi Aria, Etere e Fuoco che asciugano e inducono secchezza, con conseguente azione di riduzione dei tessuti. Quindi, mentre Brimana sarà indicata per le persone con una costituzione debole, emaciata ed esile, che hanno bisogno di maggiore forma corposa, Langhana, al contrario, sarà utile per quelle persone che hanno i tessuti in una forma eccessiva, magari pervasi da tossine Ama che hanno quindi la necessità di disintossicarsi al fine di rendere il corpo leggero.

Ora, in Ayurveda vengono catalogate sei tipi di terapie con effetti diversi sull'organismo che il medico ayurvedico deve prescrivere; vediamoli nello specchietto che segue.

Langhana riduce e dona leggerezza	**Brimhana** nutre, conferisce corpulenza	**Rukshana** asciuga, attenua, causa ruvidezza
Snehana da morbidezza, fluidità, umidità	**Svedhana** sudorazione: da meno rigidità, pesantez,freddez	**Stambhana** bilancia il flusso dei fluidi, è astringente

1. Langhana, si realizza attraverso due vie: Shamana (normalizzazione) e Shodana (espulsione). La prima, considerata palliativa, è utilizzata da persone sofferenti di diabete, cattiva digestione, accumulo di sostanze tossiche (Ama) e febbri. E' una terapia molto leggera e si può ottenere con delle azioni facilmente praticabili da eseguire durante la stagione fredda che va da metà gennaio a metà marzo (ricordiamo che nel calendario Hindi i mesi si conteggiano dal quindicesimo giorno sino al successivo quindicesimo). Sono sette e le elenchiamo:
    a. Uso di erbe digestive e carminative.
    b. Esposizione al vento.
    c. Erbe che stimolano la fame.
    d. Evitare il cibo.
    e. Evitare di bere.
    f. Esercizio fisico.
    g. Prendere il sole.

    La seconda terapia Shodana riguarda azioni molto più intense; le abbiamo già ampiamente descritto nei paragrafi precedenti. Sono le purificazioni, definite semplicemente Panchakarma, più comunemente divulgate nelle varie pubblicazioni e nei centri di trattamento dedicati. Si eseguono quando sono presenti tossine, obesità, febbre, vomito, diarrea, cardiopatie, pesantezza, costipazione, eruttazione e gas eccessivi che impattano fortemente sul nostro organismo. Lo zenzero, il cardamomo, la cannella, sono spezie a carattere digestivo che possono aiutare persone soggette a moderato aumento di peso. Per le persone emaciate o affette da astenia, per quelle momentaneamente sofferenti di patologie importanti, si consiglia di rimandare i trattamenti oppure sostituirli con azioni scelte tra quelle della terapia Shamana, meno invasive. Ricordiamo quali sono i rimedi dello Shodana:

a. Basti, il clistere.
b. Nasya, i preparati inalati nelle narici.
c. Vamana, il vomito.
d. Virechana, la purgazione.
e. Rakta, il salasso.

2. Brihmana, è una terapia fatta di trattamenti nutrienti, indicata per le persone particolarmente deboli, di giovanissima età o molto vecchie nelle quali si riscontra un eccesso di Vata, soggetti spesso affetti da dolori, tensioni, secchezza generalizzata e lesioni polmonari. Per queste persone la terapia Brihmana prevede bagni e massaggi di olio, la somministrazione di clisteri nutritivi, ghee e latticini preferibilmente biologici, latte caldo con zucchero integrale, frutta secca come le mandorle che sono ricche di proteine, carboidrati a lento assorbimento, calcio, potassio, fibre, considerevole contenuto di grassi monoinsaturi come l'olio di oliva, ma anche di vitamina B2 essenziale per l'integrità della pelle di cui Vata dosha ha particolare bisogno. Il sonno ed il riposo sono particolarmente indicati per gli "Umori" Vata.
La somministrazione di questa terapia dovrà essere calibrata personalmente secondo i bisogni specifici del soggetto patologico preso in esame dal Vaidya, in quanto un eccesso di nutrimento fatto superficialmente potrebbe causare obesità, congestione, difficoltà respiratorie, problemi cardiaci, diabete, febbre, addome ingrossato fistula all'ano e tossine Ama.

Ove il paziente, comunque, avesse ecceduto nella terapia nutriente, l'Ayurveda prevede anche alcuni rimedi per contrastarne l'eccesso. Per comodità riportiamo nella tabella che segue quali sono questi rimedi.

- Meno sonno: dormire meno per rimettere in circolazione l'intero sistema.
- Amalaki (Emblica officinalis): è un frutto acidulo che in Hindi si chiama amla, cresce nelle regioni tropicali e subtropicali dell'India ma è reperibile anche nel commercio online; considerato benefico per i tridosha, è ottimo per Pitta. E' un potente antiossidante poiché ha un indice ORAC (capacità antiossidante) decine di volte più alto del succo d'uva nera, dei mirtilli, del cavolo verde e degli spinaci, ritenuti alimenti con il più alto valore; coadiuva le difese organiche contro i radicali liberi, è utile ai sistemi circolatorio, digestivo ed escretorio, offre un'azione astringente, emostatica ed afrodisiaca, tonificante per la pelle, contrasta l'astenia e la debolezza diffusa, è ricco di vitamina C, in India viene usato per la cura dei capelli. E' eccellente come ingrediente base per tutti i composti Rasayana (la terapia della longevità). Per i suoi effetti l'amla è ritenuta in India una pianta sacra.

- Trikatu: è un composto o meglio una miscela formata da pepe, zenzero e pepe lungo (pippali), prosciuga e aumenta la digestione migliorandone il sistema, è benefica anche per il sistema immunitario. Contiene moltissime proprietà e come lo Shilajit ha un'azione stimolante. Sino a poco tempo fa era reperibile soltanto nel sud dell'India, ora anche in Europa e in Occidente.
- Guggul: si utilizza per ridurre il colesterolo, svuota i canali Srota.
- Shilajit: in Hindi si chiama shilajita ed in latino asphaltum poiché è un vero e proprio catrame che si ottiene esclusivamente dalle rocce dell'Himalaya e nelle zone alte del Caucaso, è un prodotto fossile ricco di elementi minerali. Va bene per tutti i sistemi dell'organismo ed in particolare per quello urinario e nervoso. Svolge un'azione diuretica, litotripica (frantuma i calcoli), antisettica e di particolare ringiovanimento (da vigore), aumenta nettamente la libido. In commercio si trova in pasta, in polvere ed in capsule, se solido si fa sciogliere in acqua tiepida o nel latte caldo facendo attenzione al grado di soluzione della bevanda. Nella concentrazione pura è eccessivamente costoso (prodotto in Russia col nome Mummio).

3. Rukshana, è una terapia di prosciugamento dell'organismo utilizzata per contenere gli eccessi di Kapha e le ostruzioni degli Srota. E' impiegata contro le malattie cardiovascolari, la vescica urinaria ed i relativi disturbi, la gotta e gli spasmi delle cosce con problemi di forma e movimento che sono patologie più diffuse in India. Le terapie riguardano erbe e cibi con rasa pungente, amaro e astringente che produce secchezza benefica per Kapha.

4. Snehana, è l'oliazione con o senza Abhyanga (massaggio). E' una terapia dalle qualità fluide, untuose, viscide, pesanti, fredde e morbide; né l'oliazione vera e propria, né il massaggio abhyanga vanno prolungati oltre i sette giorni poiché l'olio, essendo in modo rapido fortemente penetrante

nei tessuti (Dhatu), se abbondante può dare effetti indesiderati sull'organismo. Gli oli facilmente reperibili sul mercato sono il sesamo ed il mahanarayana, abbastanza costoso, che in Occidente è utilizzato anche per altri scopi. In Snehana è estremamente consigliabile l'uso di ghi o ghee, poiché sviluppa l'intelligenza e la memoria, dona morbidezza al corpo migliorando le giunture, rende la voce chiara e migliora la carnagione, se puro abbassa il colesterolo. Come precedentemente accennato in altri paragrafi, questa sostanza a base di latte privato di proteine e caseina è universalmente impiegato in tutti i campi: nelle discipline olistiche, in ambito religioso, nella medicina, nell'alimentazione, nella disciplina yoga, ecc.. Considerato lo strumento facile di ogni beneficio, si rivela come la panacea di ogni disturbo. Riferito ai dosha, il ghee può essere aggiunto al sale nero nei confronti di Vata, al trikatu nei confronti di Kapha e senza aggiunte per quanto riguarda Pitta. Le controindicazioni di Snehana sono la digestione debole o troppo forte, diarrea e tossine nel corpo.

5. Svedhana, si prescrive quando c'è un eccesso di Ama, riguarda la fomentazione, ovvero la sudorazione che può essere interna ed esterna. Quest'ultima con delle applicazioni locali, eseguite mediante sacchetti a tampone costituiti da garze di cotone (pinda sveda) imbevuti di sostanze erbose riscaldate, si ottiene liberando vapore ed estratti di erbe medicamentose che vengono assorbiti in profondità nei tessuti interessati. I tamponi sono facilmente reperibili nel commercio online e contengono principalmente estratti di sostanze come tamarindo, curcuma, vari tipi di agrumi, acacia ed altre erbe tipiche della regione orientale. La fomentazione esterna può anche essere fatta con un trattamento sull'intero corpo tramite la "Prastara sveda", un semicilindro di legno dentro il quale viene introdotto del vapore, questa metodologia è più utilizzata nella regione indiana. Ambedue i trattamenti di sudorazione esterna descritti possono regale benefici poiché rimuovono le tossine dagli Srota, stimolano il fuoco gastrico Agni e aiutano il sistema respiratorio; sono

particolarmente indicati contro i dolori articolari e il gonfiore, producono un effetto rilassante generalizzato. Quella interna invece è la seconda suddivisione della fomentazione che può essere eseguita molto semplicemente indossando abiti caldi durante la pratica di esercizi fisici che sviluppano sudorazione.

6. Stambhana, ha un effetto astringente. Quando ci sono sintomatologie come vomito, diarrea, bradicardia con meno di 60 battiti al minuto, avvelenamento, carnagione dal colore nerastro ed altri disturbi derivanti dall'eccesso di Pitta, la via da intraprendere è Stambhana. Le terapie si suddividono in due tipologie: Rakta Stambhana e Mala Stambhana; la prima si utilizza quando ci sono perdite di sangue e scarsa coagulazione, l'effetto riparatore si può ottenere con l'assunzione di erbe emostatiche come la cannella; la seconda tipologia si utilizza quando ci sono problemi di evacuazione diarroica che possono essere contenuti con assunzione di cumino ed ajwain, erba dal sapore simile all'origano selvatico che si usa spesso nella cucina indiana, l'ajwain è facilmente reperibile nel commercio online. L'uso eccessivo di questa terapia astringente può portare disturbi di rigidità, arresto cardiaco, secchezza delle fauci, ansia, costipazione, sete, perdita di memoria, screpolature e riduzione di appetito, va quindi misurata in relazione allo stato fisico del paziente.

Shatkarma

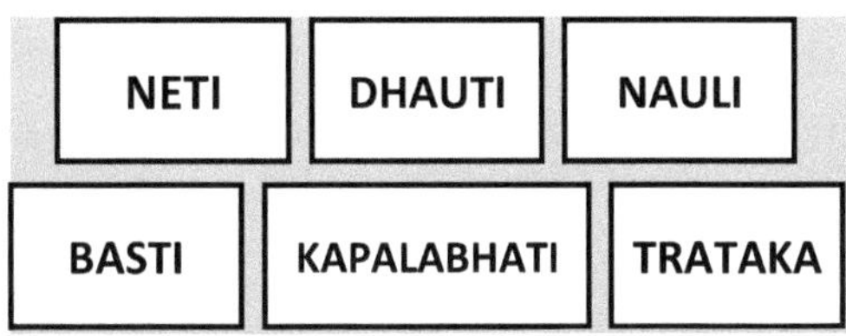

Swami Svatmarama (detto Cintamani) autore del testo Hatha-yoga Pradipikha descrive quali sono le tecniche dello shatkarma definite anche shatkriya (shat=sei, kri=azione, ya=anima); il significato che deriva dalla traduzione, quindi, potrebbe essere definito come "le sei azioni, o meglio le sei tipologie di lavoro spese verso l'anima". Le funzioni dello shatkriya possono essere considerate strumenti pratici per la disintossicazione e la pulizia del corpo fisico, elevate comunque ad un mansione purificatrice interiore. Anticamente lo yoga era considerato una pratica segreta, rivolta soltanto a particolari individui interpreti di contenuti fortemente mistici e spirituali. Allora non si conoscevano gli asana come li intendiamo oggi nelle normali pratiche, e le uniche attività consistevano nelle sole posizioni meditative e nei processi di purificazione del corpo definiti shatkarma. Va subito detto che per le particolari complessità esecutive e le effettive fragilità di alcuni organi da sottoporre a determinate tecniche, gli shatkarma, possono essere eseguiti soltanto sotto stretto controllo di guru o comunque di esperti maestri che ne abbiano consolidato nutrita esperienza. Vediamo quali sono queste purificazioni.

1. Neti. Purificazione dei passaggi nasali. Le tecniche esecutive riguardano due processi, ai quali se ne può aggiungere anche un terzo. Il primo si chiama "jala neti" (jala=acqua, neti=pulizia) e consiste nell'immissione

di acqua tiepida e leggermente salata (sale marino non iodato) prima in una narice e successivamente nell'altra. Il liquido così composto sarà prima versato in una specie di teiera chiamata "lota" e, attraverso il beccuccio di questa, introdotto in una narice per farlo fuori uscire immediatamente dall'altra, piegando la testa da un lato onde favorire la direzione della gravità. Durante tutto il lavaggio si dovrà respirare dalla bocca semi aperta; fatto questo si ripeterà l'azione dall'altra narice. Completate le due fasi si dovrà espirare fortemente dalle narici per favorire la fuoriuscita dell'acqua rimasta nelle cavità nasali; un po' di ghee spalmato e massaggiato negli orifizi aiuterà la decongestione. La seconda tecnica che dicevamo si chiama "Sutra neti", è una tecnica più complessa che potrà essere eseguita soltanto sotto stretto controllo di un maestro esperto. Si procede infilando un esile cordino di caucciù, preventivamente ricoperto di ghee, su una cavità nasale e poi, spingendolo molto molto lentamente, lo si dovrà recuperare quando questo sarà fuoriuscito dalla bocca. Le due estremità del cordino saranno poi afferrate con le due mani favorendo un leggero movimento su e giù che produrrà la pulizia di tutto il condotto. Si aspetterà qualche minuto per riprendersi dall'esperienza e si concluderà operando sull'altra narice. Una terza esperienza riguarda la tecnica definita "Vyutkram neti". Anche questa per le prime esperienze dovrà essere assistita da un esperto insegnante che ne suggerisca i passaggi. Da una bacinella d'acqua tiepida posta opportunamente in un lavandino, con il tronco piegato in avanti e la testa dritta, si dovrà introdurre il contenuto contemporaneamente dalle due narici con una sola aspirazione per risputarlo successivamente dalla bocca, che nel frattempo senza aspirare, per favorire il processo sarà mantenuta semi aperta. L'esperienza si concluderà soffiando alternativamente dalle due narici per espellere definitivamente l'acqua rimasta nei condotti nasali. Tutte e tre le tecniche, che alle prime esperienze possono sembrare estremamente difficili, se non impossibili, se ben dimostrate e seguite da insegnanti altamente qualificati, possono offrire rilevanti benefici contro sinusiti, raffreddori acuti, emicranie, cattiva respirazione per ingolfamento dei passaggi nasali; migliorano anche la percezione olfattiva, l'udito, la vista, stimolano poi le terminazioni delle cavità nasali e regalano chiarezza generalizzata.

2. Dhauti, lavare internamente. E' una purificazione che suddivisa in varie tipologie depura complessivamente ogni parte del corpo. Gli organi interessati riguardano lingua, denti, occhi, testa, stomaco (suddiviso in tre metodologie), intestino e attivazione del fuoco metabolico. Tra tutte queste tecniche, le principali sono due: a) Vamana dhauti - b) Shankhaprakshalana o Varisara dhauti.
   a) Vamana Dhauti è la pulizia dello stomaco che può essere eseguita in tre modi: Kunjala, (con l'acqua), Vatsara (con l'aria) e Vastra (con una garza/benda).
   - Kunjala Kriya: dopo aver ingerito cinque bicchieri di acqua salata tiepida si dovrà stimolare il vomito toccando il fondo della lingua con due dita.
   - Vatsara: si dovrà ingerire soltanto aria trattenendola nello stomaco per almeno un minuto, fino a stimolare un rutto che rinforzerà la muscolatura dell'organo interessato.
   - Vastra: è una tecnica estremamente difficile che dovrà essere eseguita soltanto ed assolutamente sotto la diretta assistenza di un esperto insegnante. Consta di una garza o di una benda in cotone leggero, larga dai tre ai cinque centimetri e lunga dai tre ai sei metri, che dovrà essere ingerita masticandola lentamente con l'aiuto della saliva e dei sorsi d'acqua o latte fino a quando la prima estremità non abbia raggiunto lo stomaco attraverso l'esofago; la benda va estratta dopo pochi minuti pregna delle impurità assorbite durante il processo. Migliora gran parte dell'apparato digerente, allevia gas e disturbi intestinali, problemi di bile ed acidità. E' una tecnica molto antica dove la forte concentrazione può aiutarne il processo; utilizzata da

guru e yogi decisamente esperti, è difficilmente praticata nei normali centri yoga.

- Esiste poi un'altra tecnica decisamente invasiva, che definiamo perentoriamente "proibita", se non eseguita da autentici guru che ne abbiano consolidato la tecnica, interdetta, lo ripetiamo, dalle normali pratiche yoga. Si tratta della **"Danda Dhauti",** pulizia col bastone, eseguita per la rimozione delle tossine nell'esofago, il canale lungo il quale il cibo transita dalla bocca allo stomaco. Daremo soltanto una brevissima descrizione di questa metodologia, soltanto al fine di conoscerne l'esistenza per un più approfondito apprendimento di questa infinita e sorprendente cultura. La tecnica riguarda l'introduzione di un sottile bastone, preventivamente modellato ed adattato, che verrà spinto delicatamente dalla bocca attraverso lo sfintere superiore, poi l'esofago, lo sfintere inferiore e giù fino allo stomaco; lo *"strumento"* è ricavato dalla parte morbida del tronco di un albero di banano ed è spesso poco meno di un centimetro con una lunghezza di circa 60-70 centimetri, quella che intercorre appunto tra la bocca e lo stomaco. Mantenuto all'interno alcuni secondi, dovrà essere successivamente estratto molto lentamente onde evitare facili traumi sugli organi coinvolti. La pratica richiede ovviamente estrema concentrazione, totale rilassamento ed una respirazione nasale misurata alla particolare esperienza. Il singolare esercizio si concluderà con l'assunzione di specifiche soluzioni lenitive costituite da erbe rinfrescanti e disintossicanti al fine di ristabilire il "conforto" degli organi interessati.

b) Shankhaprakshalana o Varisara dhauti: è il lavaggio completo degli intestino tenue e crasso e consiste nell'eseguire una serie di movimenti del corpo e delle braccia dopo aver bevuto alcuni bicchieri di acqua calda e salata. Questo dovrà essere eseguito a più cicli (acqua e movimenti) per agevolare la circolazione del liquido ingerito in tutto l'intestino. Le successive ripetizioni condurranno all'insorgenza dello stimolo dell'evacuazione; si dovrà continuare così sino a quando con l'ultima spinta si espellerà soltanto acqua pulita. Va eseguita ovviamente a stomaco vuoto.

3. Nauli. E' una particolare contrazione addominale che crea un movimento ondulatorio dei muscoli retti, isolando quelli centrali. Questa azione migliora la digestione, fortifica il fegato, massaggia gli organi interni, cura la costipazione favorendo il movimento peristaltico e ovviamente rinforza la muscolatura interessata. E' una tecnica molto complessa che può essere acquisita con molto esercizio soltanto con l'assistenza di un insegnante yoga esperto. Va eseguita possibilmente al mattino a stomaco vuoto.
4. Basti. E' stato descritto nel capitolo del Panchakarma.
5. Kapalabhati. E' stato descritto nella Tabella delle metodologie e tecniche di respirazione.
6. Trataka. E' un'antica pratica facile ed estremamente efficace che può essere eseguita senza avere competenze specifiche. Seduti in una posizione comoda (Sukhasana) si fissa un oggetto, un puntino nero su fondo bianco, o ancora meglio la fiamma di una candela in un ambiente scarsamente illuminato. La fiamma dovrà essere posizionata alla distanza di 2 metri circa, poco sopra la direzione degli occhi. Concentrati esclusivamente su quell'obiettivo, senza mai chiudere gli occhi e con la sola consapevolezza del respiro, si dovrà tenere lo sguardo fisso il più possibile, da 1 a 4 minuti, fintanto che non insorgano le lacrime. Una volta chiuse le palpebre ed espulse quelle lacrime si dovrà iniziare a trasferire quella immagine verso il centro della fronte, tra le sopracciglia, sostenendo così **Brumadya Drishti** (brumadya=tra le sapracciglia; drishti=sguardo) ma ad occhi chiusi. Passati alcuni secondi si riapriranno gli occhi e si continuerà con lo stesso esercizio, ma questa volta, mantenendo lo sguardo fisso sulla fiamma, si dovrà immaginare una fittizia congiunzione tra quell'obiettivo e il centro della fronte, il terzo occhio, fissando

mentalmente l'immagine proprio in quel punto dove normalmente si segna il "tilaka". Si continuerà così per almeno tre cicli, cercando di prolungare sempre più il tempo di permanenza prima che insorgano nuove lacrime. Se tutto sarà fatto per bene, se la concentrazione sarà stata ferrea, ci ritroveremo inconsapevolmente al centro di una meditazione inaspettata. Svatmarama in alcuni versi della quarta lezione dell'Hatha-Yoga Pradipika afferma che mentre nella sambhavi-mudra il bersaglio interno è l'anahata-chakra, dove risiede il cuore, e lo sguardo senza vedere è diretto verso l'esterno, nel Kheari-mudra (Brumadya drishti) la concentrazione e lo sguardo sono ambedue rivolti verso l'ajna-chakra, ovvero all'interno dello spazio tra le sopracciglia dove risiede la dimora di Shiva ed in essa la beatitudine del Brahman. Nella cultura tantrica ambedue i chakra, insieme al settimo (Sahsrara) situato al centro della sommità del capo, sono considerati i centri più spirituali delle sette "ruote", veicoli della felicità extrasensoriale.

Trataka quindi rinforza l'intera struttura degli occhi compresi i nervi ottici collegati al cervello, conferisce la calma ed il rilassamento, elimina pensieri, emozioni e qualsiasi altra circostanza capace di eludere la concentrazione.

La ginnastica oculare

Prima di chiudere il capitolo Trataka, vogliamo suggerire un esercizio di rinforzo per tutta la struttura muscolo oculare che riteniamo essere propedeutico e introduttivo a questo kriya. Posizionati comodamente davanti all'oggetto sul quale concentrare l'attenzione, eseguiremo una piccola ginnastica dei bulbi oculari; faremo quindi otto-dieci ripetizioni per ogni movimento della durata di 3-4 secondi. I movimenti che suggeriamo di eseguire sono questi:

- sguardo dritto avanti, poi in alto 🡅; per 8-10 ripetizioni
- sguardo dritto avanti, poi in basso 🡇; 8-10 rip.
- sguardo dall'alto in basso 🡅🡇; 8-10 rip.
- sguardo dritto avanti, poi a sinistra 🡄; 8-10 rip.
- sguardo dritto avanti, poi a destra 🡆; 8-10 rip.
- sguardo da sinistra a destra 🡄🡆; 8-10 rip.
- sguardo dritto avanti, poi in alto a sinistra 🡔; 8-10 rip.
- sguardo dritto avanti, poi in basso a destra 🡖; 8-10 rip.
- sguardo dall'alto a sinistra al basso a destra 🡔🡖; 8-10 rip.
- sguardo dritto avanti, poi in alto a destra 🡕; 8-10 rip.
- sguardo dritto avanti, poi in basso a sinistra 🡗; 8-10 rip.
- sguardo dall'alto a destra al basso a sinistra 🡕🡗; 8-10 rip.
- roteare completamente gli occhi girando verso sinist. ⟲; 8-10 rip.
- roteare completamente gli occhi girando verso dest. ⟳; 8-10 rip.
- Chiudere ed aprire gli occhi sbarrandoli; ⬤⊙; 8-10 rip.

Tutti i movimenti dello sguardo vanno eseguiti lentamente ed estesi fino al limite dell'escursione. Terminato l'esercizio si potrà riposare un minuto, magari ad occhi chiusi, per poi iniziare Trataka.

Dristhi, le nove direzioni dello sguardo

Come abbiamo accennato prima, in lingua sanscrita significa direzione dello sguardo; abbiamo anche detto che è diffusamente impiegato nelle posizioni meditative e nella pratica yoga, ma in particolar modo nell'Ashtanga vinyasa yoga. Ogni postura ha i suoi corrispondenti dristhi per rafforzare la concentrazione ed evitare controproducenti distrazioni. Allora, introduciamoci brevemente anche in questo argomento. Esistono nove tipologie di dristhi, vediamoli nello specchietto che segue.

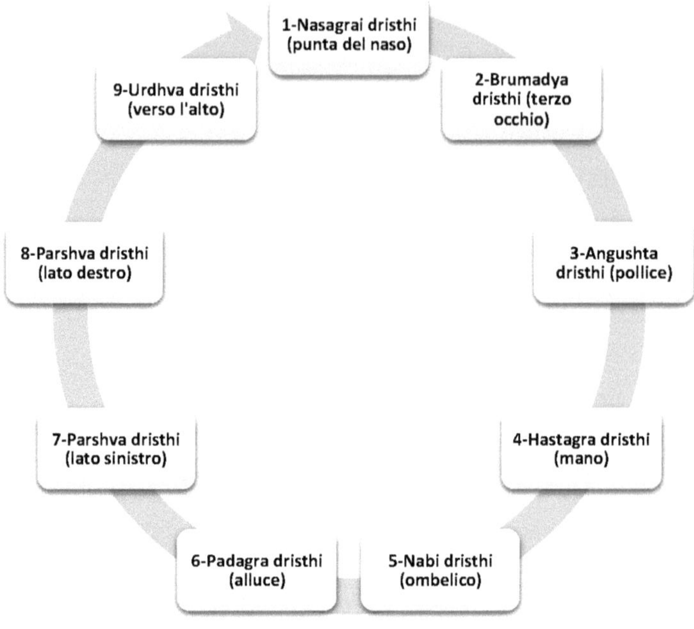

Rasayana

"Ras + Ayana", una delle traduzioni più diffuse indica questo termine sanscrito come *"il cammino o il movimento verso l'essenza"* dove per essenza si intende metaforicamente la giovinezza, quindi *"il cammino verso la giovinezza."* E' inserita all'interno del programma di studi universitari, nella specializzazione accademica che si ottiene dopo aver conseguito la laurea quinquennale nella facoltà di medicina ayurvedica. Si identifica come un'antica pratica di ringiovanimento del corpo e viene citata negli antichi testi del Charaka e Sushruta samhita. Per ottenere questo scopo occorre eliminare le tossine presenti nel corpo responsabili di mala digestione, insufficiente metabolismo, cattivo fuoco gastrico e deterioramento dei tessuti Dhatu, cause direttamente coinvolte nell'invecchiamento dell'organismo. Distante dalla biocosmetica martellata dalle pubblicità delle industrie produttrici, il Rasayana è un'antica metodologia che rientra appieno all'interno del sedime medico ayurvedico poiché favorisce l'arricchimento derivante dalle qualità nutrizionali. La terapia prevede due percorsi con due diversi scopi od obiettivi: uno di mantenimento e l'altro riparatore. Il primo *"Vaya sthapani o Kamya Rasayana"*, più conosciuto e diffuso, riguarda trattamenti di ringiovanimento con effetto anche afrodisiaco, il secondo *"Arogya vardhani o Naimittika Rasayana"* segue metodi curativi delle malattie già manifeste o di quelle che preventivamente potrebbero ancora verificarsi. Questa terapia racchiude diversi principi, alcuni dei quali sono in comune con quelli del Panchakarma e ne segue per alcuni aspetti anche le varie somministrazioni. Secondo quanto riportato in antichi testi, i percorsi che possono essere intrapresi, in definitiva, sono due e ben distinti: il primo è considerato a "regime esterno" (Vatatapika Rasayana) e si basa sulla conduzione di una vita abituale, vissuta all'aperto, promuove e rincorre una alimentazione particolare, uno stile di vita adeguato, e l'assunzione di specifici preparati ayurvedici; nella seconda cosiddetta a "regime interno" (Kutipravesika Rasayana), molto più dura, il paziente trascorre un periodo di tempo chiuso all'interno di un alloggio (trigarbha kuti), isolato con se stesso da tutto e da tutti, sottoponendosi ad un regime di purificazione ferreo fisico e mentale. L'antico retaggio della metodologia Kutipravesika oggi è caduto quasi in disuso e se ne sta perdendo sempre più la memoria, salvo casi di particolare unicità, dove l'ortodossa intransigenza dell'antico Rasayana mantiene ancora l'usanza tenace, non scalfita dal tempo, soltanto nei centri rurali e nei villaggi di un'India ancora nascosta. Di tutto questo noi non possiamo, né vogliamo, disconoscerne la grande romantica seduzione. Dalla terapia di ringiovanimento si ottiene intelligenza, apprendimento, memoria, vigore fisico e sessuale, fertilità, miglioramento dei Jnanendriya e Karmendriya, sviluppo del sistema immunitario; il Rasayana aiuta a preservare la salute fisica e mentale anche in età avanzata mantenendo nel tempo un vigore giovanile. Per ottenere questi benefici la terapia prevede l'assunzione di alcuni frutti dalle fondamentali qualità enercizzanti e nutrizionali, due dei quali, i principali, sono l'haritaki e l'amalaki le cui caratteristiche e i relativi vantaggi sono stati precedentemente descritti nel Panchakarma in modo approfondito. Questi dovranno essere mescolati e composti insieme ad altre sostanze particolarmente "virtuose" per ottenerne specifici preparati ayurvedici ad opera del Vaidya o dell'Upastata di comprovata esperienza. Prima dell'assunzione dei composti si dovrà comunque seguire un regime di purificazione delle tossine presenti nel corpo, riconducibile ai trattamenti dello Shatkarma o del Panchakarma precedentemente articolati. Le qualità dell'haritaki riguardano metabolismo, potere digestivo, leggerezza, esso dona nutrimento, prestanza sessuale, è espettorante, promuove chiarezza, cura le emorroidi e la mancanza di appetito, ma anche le malattie cardiovascolari, la febbre cronica e le emicranie; le qualità dell'amalaki invece le abbiamo già citate. Altre sostanze che rientrano appieno nei composti del Rasayana sono l'asparago indiano, la pueraria lobata, la tinospora cordifolia, il melograno, che danno nutrimento; poi ci sono il bibhitaki, la manduca parni, l'essenza di vinacciolo per gli antiossidanti; la jatamansi, il bacopa, il curculigo, l'ashwagandha, la centella per il sistema cerebrale; mentre la fertilità e il vigore sessuale possono essere promossi in modo particolare dallo shilajit (citato nel panchakarma), ma anche dall'asparago indiano, dal pippali, dall'ashwagandha, insieme al tribulus che regola gli ormoni; il guggulu è una resina ottima per il potenziamento di vari sistemi e la cura di diverse patologie, svolge un'azione purificante; la triphala (tre frutti) è la combinazione di tre frutti considerati spesso anche erbe officinali, i frutti sono l'haritaki o terminalia chebula, l'amalaki o uva spina indiana e il bibhitaki o terminalia bellirica. Questa terna di frutti ha un deciso potere riequilibrante sui dosha, stimola l'intestino ed i sistemi escretori, aiuta il sistema immunitario, quello digerente, cardiocircolatorio e vascolare, riduce il colesterolo, provvede a neutralizzare l'azione dei radicali liberi in quanto potente antiossidante. Il triphala, di fatto, viene considerato tra le panacee dei prodotti ayurvedici.

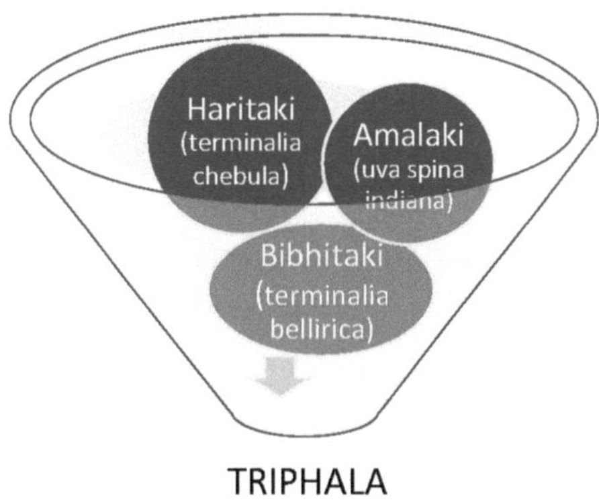

TRIPHALA

Ricordiamo che tutte le tecniche di depurazione e purificazione sin qui riportate, nell'Ayurveda servono a veicolare tossine e mala tenacemente radicati nell'organismo, difficili da rimuovere soltanto con diete alimentari.

Numerazione sanscrita e relativa dizione

Nella stesura di questo libro abbiamo spesso citato il termine sanscrito di alcuni numeri cardinali (sanskrit deriva da sams-kr-ta=perfezionato): 1, 2, 3, 4, ecc. La lingua Sanskrit संस्कृत si ritiene sia la più antica tra quelle indoeuropee; suddivisa in "Vedica", con la quale sono stati scritti gli antichi testi religiosi considerati patrimonio sacro dell'India, intorno al 1500 a.C., e "Classica", la cui data di riferimento viene stabilita intorno al 500 a.C., epoca in cui fu codificata la grammatica sanscrita e furono scritti numerosi Sutra (aforismi). Intorno a quell'epoca, ma probabilmente anche prima, iniziò il periodo culturale, religioso e filosofico definito Vedanta (la parte conclusiva dei Veda). Proprio in quel periodo fiorirono le meravigliose opere letterarie definite Upanishad, che ancora oggi testimoniano l'infinita ricchezza di quella unicità filosofica.

L'uso della numerazione in lingua sanscrita, quindi, è importante nella pratica della disciplina yogica, in particolare nell'hatha yoga, ma ancora di più nelle sedute di Ashtanga vinyasa yoga, quando l'insegnante durante ogni esercizio scandisce alla classe il numero dei respiri da eseguire caratteristici di ogni asana. Per dare al lettore una maggiore informazione riportiamo di seguito una piccola tabella con esposto il termine in lingua sanscrita e la relativa pronuncia in lingua italiana di numeri da uno a venti, che sono quelli maggiormente usati.

n.	Sanskrit	diz. Italiana
1	Ekam	Ecàm
2	Dve	Dvé
3	Treeni	Trinì
4	Chatvaari	Ciatvarì
5	Pancha	pancia(ò)
6	Shat	Sciaat
7	Sapta	sapta(ò)
8	Ashta	Ashta
9	Nava	nova(ò)
10	Dasha	Dascia

n.	Sanskrit	diz. Italiana
11	ekaadasha	Ecadash
12	dvaadasha	dvàdascia(ò)
13	trayodasha	Traiòdeshò
14	chaturdasha	ciaturdàsh
15	panchadasha	panciàdosciò
16	Shodash	sciodashò
17	saptadasha	saptadosh
18	ashtaadasha	astàdosciò
19	navadasha	Navdosch
20	vimshatihi	vimsciatijì

Il primo Parlamento mondiale delle religioni

La data 11 settembre 1893 rappresenta un momento rilevante per tutte le fedi spirituali, poiché ha segnato l'attuazione del primo "Parlamento mondiale delle Religioni"; a quella data infatti sarebbe iniziato un importante dialogo di apertura tra oriente ed occidente, superando i contrasti originari di ogni culto. In quella circostanza sono stati messi a confronto, senza pregiudizi, Cristianesimo, Islam, Induismo, Buddismo, Sikkismo, Giudaismo, Bahaismo, Confucianesimo, Taoismo, Shintoismo, Giainismo, Sciamanesimo, ed altre religioni. Durante quell'evento, nella città americana di Chicago ogni esponente proveniente da tutto il mondo ha esposto la propria dottrina religiosa con l'intento di riscoprire la realtà dell'unità delle religioni. Per l'India, in quel contesto, il monaco filosofo di Calcutta Swami Vivekananda esordirà il suo discorso con poche semplici parole, che ancora oggi sono rimaste nel cuore e nella mente di tutti i teologi e gli intellettuali di ogni cultura: "***Noi in India diamo rifugio a tutte le religioni del mondo***", testimoniando inequivocabilmente così la totale apertura di quel paese a "urbi et orbi". Dopo quella prima esperienza il Parlamento è stato ospite di altri sei appuntamenti svolti rispettivamente: ancora a Chicago, Sud Africa, Spagna, Australia, Usa, per approdare infine in Canada con il VII evento, dove la città di Toronto nel 2018 ha ospitato circa diecimila delegati e più di cinquecento seminari.

Conclusione

Una volta lessi una frase che attirò la mia attenzione, su un libro c'era scritto: "se chiedete ad un indiano se l'amore (in senso lato) è stato inventato in India, lui vi dirà di no, però è in India che ha raggiunto la perfezione". L'India è un grande contenitore culturale molto spesso sottovaluto e sottostimato da coloro che non lo conoscono a fondo e non hanno sufficienti notizie per apprezzarne né la radice e nemmeno lo sviluppo; un errore che non dovrebbe essere mai fatto è guardare questa realtà con gli occhi dell'Occidente. E' un paese pregno di tradizioni e contraddizioni, di incanti e disincanti che ne identificano costantemente la singolarità; un luogo caratterizzato dall'umiltà dove, non di rado, la luce arretra dietro la barriera dei sogni infranti dal bisogno della povera gente, bella e sorridente. Nondimeno, ognuno rovista tra i frantumi dei propri sentimenti e ne raccoglie alcuni per costruire coraggiosamente nuove speranze e desideri, come le barche che si legano al palo di ormeggio per affrontare e superare una difficile notte di tempesta. Ma la tradizione religiosa, testimoniata da milioni di testi accreditati, la ricerca di illustri speculatori filosofici, antichi e moderni, le scienze e la medicina alternativa raccontata, della quale questo libro ha la presunzione di voler essere modesto latore, rendono questo subcontinente al riparo da facili critiche di paesi distanti da quella cultura, dove spesso il vento della modernità, in modo impietoso, travolge ogni cosa, ogni dove. Per noi, spesso condizionati dall'affascinante mondo olistico, il valore più rilevante rimane quello della filosofia e delle molteplici dottrine religiose, che seppur eterogenee tra loro, rimangono sempre accomunate nel pantheon che le accoglie.

Prima di concludere questo piccolo viaggio nell'Ayurveda vogliamo sottolineare che tutte le notizie e le informazioni che abbiamo voluto divulgare in questo testo rappresentano un minuscolo paragrafo di una enorme enciclopedia olistica; il corpo umano è un grande libro aperto che va letto con attenzione e l'Ayurveda è il suo segnalibro.

Così, nell'esporre questo tema con grande umiltà, abbiamo comunque voluto dare risalto a questa scienza ultra millenaria che in verità avrebbe meritato ben altra rilevanza. Tutta la letteratura antica ci ha sempre insegnato che il microcosmo ha lo stesso rilievo del macrocosmo nel quale è ricompreso e l'uomo non è altro che un microcosmo, un universo in se stesso. Antichi testi upanishadici della religione induista sostengono che Atman, l'autorevolezza del Se' interiore, è uguale al Brahman, pura Coscienza. Il Buddismo assevera che in ogni essere umano il Buddha risiede in forma potenziale, di conseguenza l'uomo stesso è il Buddha. In ambo i casi dall'essenza dell'uomo emerge una figura "spiritualmente elevata"; l'Ayurveda, coerentemente, si può considerare "sacra" poiché è la scienza che sostiene l'autoguarigione di quella figura protagonista!

Ringraziamenti

- a mia moglie Roberta, che come sempre nella vita mi è accanto in ogni iniziativa;
- al mio maestro di Yoga ed Ayurveda Libero Gentili, ex allievo e collaboratore del maestro André Van Lysebeth (pioniere dello Yoga in Occidente); responsabile del circolo culturale Paramarta; da molti anni studioso della religione induista e ricercatore della filosofia Indo-Vedica, che con il suo sapere mi ha dato la possibilità di conoscere ed approfondire queste materie;
- alla mia insegnante di yoga Rossella Visconti, che con la sua bravura, la sua passione e la naturale predisposizione mi ha fatto amare sempre più lo yoga Vinyasa flow;
- a mia figlia Marinella, per esserci!
- ai colleghi dei miei corsi di formazione, con affetto.
- Un particolare saluto voglio infine rivolgerlo a tutti gli estimatori dello yoga e dell'ayurveda, perciò agli studiosi, ai maestri, agli insegnanti, agli operatori, ai praticanti, agli appassionati ed agli entusiasti. Speciale attenzione vada specificatamente ai ricercatori, che con il loro impegno, instancabilmente, si adoperano per approfondire temi, dati, scritture antiche, ricerche ed interpretazioni utili ad "illuminare" concetti e realtà molto spesso emarginati nell'ombra, regalandoci la vera essenza di queste amate dottrine.

  A tutti loro, allora, vada la mia particolare riconoscenza.

a tutti, grazie.

Il maestro André Van Lysebeth e Libero Gentili, insieme in un seminario del 1975

Piccolo glossario esplicativo

Abhyangam: massaggio ayurvedico con impiego di olio medicamentoso.

Afrodisiaco: si riferisce al consumo di spezie, semi, frutti, cibi e alimenti capaci di stimolare il desiderio sessuale di ambo i sessi. In realtà non esistono ancora esaurienti evidenze scientifiche sulla sostanziale efficacia dell'interrelazione con gli ormoni del desiderio e lo stimolo della libido; più convincente sarebbe infatti un legame diretto con un effetto placebo. Azioni indirizzate che migliorino la vasodilatazione sanguigna, sostanze che intensifichino in generale energia, vitalità e vigore, oltre a particolari condizioni e situazioni, possono comunque facilitare il processo.

Agni: nell'Ayurveda rappresenta il fuoco metabolico, la digestione del cibo e delle emozioni presenti nello stato psicofisico dell'individuo. La sua funzione presiede e regola ogni cambiamento. Nella mitologia della religione induista vedica è il Dio del fuoco che simboleggia la purificazione, e come tutte le divinità è caratterizzato da un aspetto iconografico.

Ahimsa: già espresso nelle antiche scritture vediche, è il principio della morale. Nelle religioni di tutto il subcontinente indiano rappresenta il precetto della "non violenza"

Alterativo: tutto ciò che provoca alterazione dell'organismo o della psiche (alimenti, medicine, condizioni, situazioni, rapporti).

Ama: le tossine presenti nel corpo, origine delle malattie.

Ananda: beatitudine.

Antahkarana: nella filosofia Samkhya sono i primi tre Tattva prodotti dalla natura Prakriti: 1) Buddy, ovvero l'intelletto, il fondamento dell'intelligenza che ha la funzione di discriminare e decidere; la sostanza sottile di tutti i processi mentali. 2) Ahmkara, ovvero il senso dell'io, l'ego, l'io empirico che consente di rapportare gli eventi alla persona. 3) Manas, ovvero la mente che, sintetizzando tutti i dati sensoriali negli oggetti che vengono percepiti dall'esterno, impartisce gli ordini di comportamento agli Organi di azione; il suo ruolo quindi è simile alla funzione di un "quadro di controllo e coordinamento".

Anticonvulsivante: si riferisce a farmaci o sostanze in grado di prevenire, lenire, sedare od ostacolare effetti dovuti a convulsioni, stati di forte iperattività o di irritazioni di centri nervosi. L'iperico, il biancospino, la melissa, la passiflora, la valeriana, la camomilla, la bacopa monnieri e moderatamente l'escolzia per la quale se ne sconsiglia l'uso negli stati di gravidanza, sono ritenute coadiuvanti per queste sintomatologie. Prima di ogni assunzione è sempre opportuno consultare il proprio medico.

Antielmintico: azione di farmaci o sostanze che uccidono gli elminti, ovvero i parassiti intestinali ospiti nell'organismo umano o animale, provocandone l'espulsione. Svariati tipi di vermi o elminti possono radicarsi nell'organismo provocando varie forme di elmintiasi, malattia dovuta alla presenza di uova, larve ed esemplari adulti, sia nel tratto intestinale che nello stomaco oltre ad altre parti dell'organismo. (Vermifugo).

Antimiotico: azione di farmaci o sostanze atte a combattere le micosi, ovvero in grado di eliminare la presenza radicata di funghi (dermatofiti) che interessano varie parti del corpo e dell'organismo come la cute, l'epidermide, le unghie, l'apparato urinario e riproduttivo. In alcuni rari casi possono verificarsi infezioni miotiche invasive che interessano organi interni estremamente sensibili che vanno curate con particolari interventi medici. (Antifungino).

Antiossidante: azione di particolari sostanze contenute negli alimenti volte a contrastare l'azione dei radicali liberi (prodotti dall'ossidazione di altre sostanze), responsabili dell'invecchiamento di organi e tessuti. Tra queste hanno un ruolo estremamente importante le vitamine A, B, C, E, il coenzima Q-10, l'aminoacido cisteina, glutatione, alcuni minerali, ecc., poiché attivano un'azione ossidoriduttiva, per questo chiamati agenti riducenti o polifenoli.

Antipiretico: sono sostanze, medicinali o medicamenti destinati a ridurre e contenere la temperatura corporea quando elevata negli stati febbrili; questi rimedi hanno una azione termodispersiva utile al riequilibrio termico. Gli stati febbrili si evidenziano quando c'è un'alterazione dei centri ipotalamici che consiste nell'innalzamento della soglia di riconoscimento della temperatura di riferimento, ovvero quando si verifica un'alterazione del sistema di termoregolazione. Le alterazioni possono avere diverse cause con un avvio di risposte determinate. (Febbrifugo).

Antisettico: è l'azione antibatterica promossa da particolari sostanze in grado di contenere e limitare le infezioni esterne ed interne causate da germi patogeni. Tra le erbe officinali sotto forma di polvere, estratti, oli, infusi e preparati ricordiamo: cannella, zenzero, timo, iperico, chiodi di garofano, melissa, eucalipto, lavanda, echinacea, calendula, ognuno a seconda delle diverse destinazioni terapeutiche.

Anumana: inferenza, supposizione, ipotesi, deduzione. Secondo quanto riportato nel quarto e quinto paragrafo del testo Samkhya-Karika, scritto tra il 350 e il 450 d.C., l'inferenza è uno dei mezzi della retta conoscenza; è triplice e dev'essere preceduta dal segno caratterizzante (linga) e dall'oggetto caratterizzato (lingi). L'inferenza quindi può essere: *1) a priori, 2) a posteriori, 3)generale,* ovvero comune.

Astringente: è l'azione di farmaci e sostanze che favoriscono un'azione costrittiva sui tessuti dell'organismo, agendo localmente. Possono essere usati nei casi di diarrea e per diminuire processi infiammatori locali.

Avidya: nella filosofia e nella religione induista rappresenta l'ignoranza che impedisce la conoscenza (jnana). E' anche, in particolare, un elemento fondante della dottrina buddhista.

Baba: ha tre significati: 1) è riferito alle persone che suscitano considerazione e rispetto, saggi; 2) è il modo in cui i bambini chiamano affettivamente il proprio anziano genitore; 3) si riferisce ai Sadhu, figure di grande misticismo, il nome significa retto, buono, onesto, puro, santo; sono gli asceti, che combattendo l'illusione ingannevole Maya, rinunciano al mondo e sono alla ricerca della liberazione in vita al fine di raggiungere il Moksha e diventare Jivanmukta e Avadhuta, colui che, nel sé, ha realizzato Dio. Un errore che non dovrebbe essere mai fatto è osservare Madre India con gli occhi dell'Occidente. I Sadhu, caratterizzati dall'aspetto eccentrico, sono vestiti succintamente, hanno lunghi capelli, barbe folte ed incolte, ed il viso, completamente dipinto da vividi colori, è contraddistinto sulla fronte dal caratteristico "tilaka" che ne identifica la tradizione religiosa; sorretti dalla sola fede, mortificano il proprio corpo e vivono soltanto di elemosine; organizzano grandi raduni denominati *"standing Babas"*, e si riuniscono in preghiera, spesso negli spazi antistanti i templi, fumando droghe per inebriare e inibire la mente, con gli occhi colmi di urla silenziose. La gente si inchina ai loro piedi per dimostrare benevolenza, devozione, rispetto e gratitudine per il benefico influsso spirituale che essi trasmettono; flussi di turisti, immersi nel più grande stupore, si alternano per apprezzarne la sacralità e la curiosa estrema singolarità. Tra i raduni più importanti di questi straordinari eventi si ricordano quello di Kumbh Mela (Festa dell'Urna), il più grande in assoluto è quello di Allahabad/Prayagraj con oltre 120 milioni di pellegrini provenienti da ogni Stato, stimato da esperti come il più grande raduno religioso del pianeta, poi Dwarka, Ujjain, Haridwar, Nashik; tutti prevedono come significativo atto religioso e sacrale la purificatrice immersione in un fiume sacro; in India questi mistici personaggi sono stati stimati per alcuni milioni. I Sadhu sono iniziati dal proprio Guru e si identificano con l'appartenenza a diverse Sette, alcune anche estreme come quella recente degli sparuti Aghori, caratterizzati da comportamenti fortemente eccentrici ed esasperato tantrismo, oppure dei Naga Babas, Shivaiti, mistici guerrieri spirituali con il corpo nudo, il capo ed il resto della corporatura cosparsi di cenere, simbolo di morte e futura rinascita, armati simbolicamente con il tridente di Shiva. Dopo la loro morte i Sadhu vengono sepolti e non cremati poiché si considera che la loro dipartita sia già avvenuta in vita. Antiche scritture Vediche fanno riferimento ai Sadhu.

Bharat(a): altro nome dell'India ufficializzato dalla Repubblica Federale Indiana nel 1950. Trova riferimento nei testi antichi (Mahabharata e Purana) in relazione all'antico Re Bharata; il termine viene anche citato nell'inno nazionale. Hindustan, la Terra degli indù, è il terzo nome della Repubblica ma più diffusamente viene riferito agli Stati Federali del nord.

Carminativo: è l'azione di sostanze naturali e farmaci in grado di limitare la formazione di gas che coinvolgono il tratto gastrointestinale e lo stomaco. Le azioni carminative favoriscono l'espulsione dei gas e placano i dolori che derivano dalla loro presenza.

Citta: la mente, la macchina che produce i pensieri ed i sogni reali ed irreali.

Darshana: sono i sei sistemi filosofici induisti: 1) Nyaya attribuito al saggio Gautama, 2) Vaisheshika al saggio Kanada, 3) Samkhya al saggio Kapila, 4) Yoga al saggio Patanjali, 5) Vedanta o Uttara Mimamsa al saggio Vjasa, 6) Purva Mimamsa al saggio Jaimini. (Vedi anche Samkhya).

Dhatu: i sette tessuti del corpo: 1) plasma, 2) sangue, 3) muscoli, 4) grasso, 5) ossa, 6) midollo osseo/sistema nervoso, 7) tessuto riproduttivo shukra/spermatozoo e shonita/ovulo.

Diaforetico: effetto derivante dall'assunzione di spezie, alimenti, tecniche e azioni atte a favorire il processo della sudorazione.

Diuretico: infusi, estratti, tisane, erbe, spezie, alimenti, farmaci e particolari azioni stimolanti, ovvero tutto ciò che occorre per depurare l'intero organismo o parte di esso da tossine, mala, scorie o qualsiasi altra sostanza possono influire negativamente sull'efficienza dei canali energetici (srota). Una dieta ayurvedica è spesso il processo più naturale e meno invasivo per raggiungere questo risultato, il vaidya, ovvero il medico ayurvedico, è tra i professionisti competenti che possono dare ottimi consigli.

Dosha: definiti anche "vizi" o "umori biologici "sono generati dalla diversa combinazione dei cinque grandi elementi (mahabhuta). I dosha sono la caratterizzazione fisica, fisiologica, attitudinale, mentale e psicologica di ogni individuo; sono i responsabili delle differenze e delle diversità che identificano le persone e ne condizionano di fatto lo stato psicofisico. Con un ruolo fortemente determinante i Dosha sono il vero *"core"* della scienza ayurvedica.

Emetico: è una parola che deriva dal latino "emeticus" e dal greco "emetikos" e significa tutto ciò che occorre per stimolare il vomito. Riguarda sostanze, preparati, alimenti, farmaci e particolari azioni che, instaurando nell'organismo una forte sensazione di nauseaseguita da stimolo del ritmo cardiaco e lieve sudorazione, sono in grado di provocare la spinta emetica, depurando conseguentemente il contenuto dello stomaco e di parte del trattogastrointestinale. Nell'Ayurveda fa parte delle azioni purificatrici del Panchakarma (Vaman), che quando praticate sono sempre guidate da maestri esperti.

Emmenagogo: sono sostanze, preparati fitoterapici o particolari farmaci in grado di stimolare il flusso sanguigno nell'utero della donna favorendo la mestruazione.

Espettorante: azione di tisane, soluzioni, preparati, spezie, alimenti, sciroppi e farmaci che promuovono l'espettorazione delle secrezioni bronchiali, fluidificandole e favorendo l'espulsione dell'espettorato (catarro) causato dalle diversificate patologie. Con l'azione espettorante si migliorano le vie respiratorie; nell'Ayurveda alcune spezie importanti come l'assafetida, lo zenzero, l'aloe vera, i chiodi di garofano, il pepe di Cayenna, la centella asiatica, la bacopa monnieri, ma anche l'aglio e la cipolla, oltre al frutto dell'haritaky (amla) si ritiene siano in grado di favorirne il processo. Anche alcuni emetici inoltre possono avere un'azione espettorante.

Fomentazione: è un'applicazione di calore locale su varie parti del corpo per rilassare e lenire i dolori; la fomentazione può essere eseguita con compresse di garze, cotone idrofilo, pannolini, ecc., ma in ayurveda, nello Svedhana del pancha karma, sono impiegati i "pinda sveda" costituiti da piccoli sacchetti (tamponi o potali) in genere colmi di riso imbevuto di sostanze medicamentose, spesso anche aromatiche, che vengono "picchiettati e mantenuti sulle parti interessate. In genere la fomentazione è eseguita prima di un massaggio in modo che i pori della pelle, dilatati, possano assorbire meglio l'olio medicamentoso che si usa nell'Abhiangam. I benefici che si ottengono da questa metodologia riguardano anche l'attivazione della circolazione linfatica e sanguigna, l'eliminazione della stanchezza, l'interscambio tra i fluidi corporei, la detersione della pelle, oltre ad un generale benefico rilassamento psicofisico. Nelle tradizionali pratiche indiane la fomentazione si esegue anche con la tecnica del Prastara sveda, l'uso del cilindro di legno. (Anche cataplasma).

Galattogeno: sostanza o farmaco in grado di favorire la secrezione e l'aumento del latte materno. Tra le piante medicinali che possono promuovere tale produzione (galattogoghe), alcune sotto forma di infusi, ricordiamo il carvi dal forte aroma, il fieno greco o trigonella, l'ortica, il finocchio, il cumino, l'anice, la galega, la borragine, le carote, il luppolo, la verbena, gli asparagi, il basilico, fagiolini e piselli non troppo cotti. (Contrario). Hanno invece un'azione contraria le piante "galattofughe" ovvero tutte quelle che hanno la caratteristica di impedire o limitare la produzione di latte materno come la menta, il cavolo, la salvia, il sedano selvatico, la dulcamara, il prezzemolo, la mercorella, ecc. In gravidanza ed in maternità l'assunzione di qualsiasi alimento, anche se naturale, deve sempre essere approvato dal medico di fiducia o medico nutrizionista di provata esperienza.

Guru: scomponendo il termine sanscrito nella sua etimologia, risulta gu=oscurità e ru=luce. Il guru elimina l'oscurità e guida verso la luce. L'oscurità è l'ignoranza (avidya) e la luce è la conoscenza (jnana). Il guru è il maestro spirituale, colui che ha radicata in se la percezione di Dio.

Jnana: nella religione e nella filosofia induista rappresenta la conoscenza, lo strumento che unisce jivatman, il sé individuale, con paramatman, il Sé supremo, ovvero il mezzo che conduce alla liberazione, (Moksha).

Jnanendriya: i cinque organi di percezione dei sensi.

Kalpa: secondo l'antica visione filosofica induista sono gli universi che alla fine della loro lunghissima esistenza si dissolvono per poter rinascere successivamente secondo la loro specifica *"ciclicità"*, caratterizzata dall'evoluzione (giorno di Brahma) e dall' involuzione (notte di Brahma). Così, ciò che fiorisce dopo muore e sboccia poi di nuovo, per l'eternità (Sanatana Dharma).

Karmendriya: i cinque organi di azione dei sensi.

Lenitivo: azione prodotta da sostanze dalle virtù terapeutiche, come erbe officinali, farmaci, preparati o creme in grado alleviare o mitigare dolori o concreti fastidi nell'organismo e nelle varie parti del corpo. Tra le piante ricordiamo l'aloe vera e quella barbadensis per ciò che riguarda l'organismo e l'epidermide, l'althaea officinalis per gli stessi principi, la camomilla tra le comuni, ma anche il finocchio selvatico, l'aromatica pianta cedrina o erba Luigia dal caratteristico nome, il tarassaco, la ben nota malva sylvestris, l'albero sacro del ginkgo biloba originario del Giappone e della Cina, spesso radicato nelle aree di culto, dalle qualità sorprendenti ma da evitare negli stati di gravidanza e allattamento, lo shilajit che è un prodotto fossile.

Le lingue parlate: i primi due grandi gruppi da cui derivano le lingue parlate in India sono: l'indoeuropea, parlata da circa il 70% della popolazione e la dravidica, più diffusa in alcuni Stati del sud. La Repubblica degli Stati Federati, nella propria Costituzione, riconosce 22+1 lingue ufficiali, tra cui quelle utilizzate dal Governo Centrale, che sono l'Hindi e l'Inglese. In realtà quelle effettivamente parlate in tutti gli Stati federali sono oltre cento; molti, molti di più, (stimati tra i 1700 e i 1900), sono invece i dialetti o vernacoli. Le lingue ufficiali in ordine alfabetico sono: assamese, bengalese, bodo, dogri, gujarati, hindi, kannada, kashmiri, konkani, maithili, malayalam, manipuri, marathi, nepalese, oriya, pangiabi, sanscrito, santali, sindhi, tamil, telugu, urdu, oltre naturalmente all'inglese.

Litotripico: l'azione di sostanze che hanno la proprietà di modificare la morfologia, sciogliere e frantumare parzialmente i calcoli renali e biliari, facilitando l'espulsione anche della renella. Le erbe cosiddette spaccapietra sono il fillanto e la cedracca che hanno inoltre altre proprietà terapeutiche, benefico anche lo shilajit come prodotto fossile.

Mahabhuta: Sono i cinque grandi elementi e rappresentano l'espressione manifesta e materiale dell'intelligenza universale. Si combinano tra loro per interagire nel microcosmo dell'essere umano, oltre che nel macrocosmo del sistema universale; tutto ciò che esiste in natura è prodotto dai cinque elementi, ogni cosa pertanto, animata o no, è pervasa dai Mahabhuta, da loro dipende la vita e tutto ciò che è ad essa collegato. Il concetto dei cinque elementi essenziali è il sostegno di tutta la scienza ayurvedica.

Mala: i tre prodotti di rifiuto del corpo: feci, urine, sudore.

Marga: la via, la strada (anche spirituale).

Mata, Mataji: madre; quando invece si riferisce a persona degna di rispetto ed ammirazione, per esempio come madre spirituale o maestra di consapevolezza, si aggiunge il suffisso "ji" e diventa mataji.

Maya: nella filosofia indiana rappresenta l'illusione, l'inganno, tipici del mondo materiale, l'appannaggio della non conoscenza (avidya).

Metamorfosi conservativa: è il rischio che si può correre nella spiegazione delle cose. Lo studente potrebbe ricevere un messaggio diverso da quello che l'insegnante avrebbe voluto trasmettere. E' molto importante in questi casi usare lo strumento della metafora con esempi presi nella quotidianità della vita e comunque colti nella sfera dello schema culturale dell'allievo.

Nervino: sostanza che agisce sul sistema nervoso con azione stimolante o deprimente; le sostanze nervine stimolano l'aumento della percezione. Tra le sostanze naturali dalle proprietà benefiche ricordiamo la bacopa, una pianta grassa originaria dell'India. (Effetto nervino).

Officinale: si riferisce alle erbe medicinali impiegate nella terapie a beneficio dello stato psicofisico. La curiosità si sofferma sulla etimologia del termine che deriva dal latino "officina" ovvero il posto in cui in passato, attraverso specifiche lavorazioni, si estraevano le droghe vegetali impiegate nella medicina popolare.

Om: (aum) suono, vibrazione primordiale della creazione dell'universo.

Panchakarma: sono le cinque purificazioni del corpo: vaman, l'emesi, il vomito terapeutico; virekan, la purga; basti, il clistere; nasya, le somministrazioni nasali; rakta, il salasso.

Para: prefisso per indicare supremo, oltre, al di sopra.

Pitar: padre.

Pupillato: diffusione della conoscenza trasmessa da padre a figlio. (insegnamento).

Rasayana: antica pratica di ringiovanimento del corpo, citata nei testi autorevoli dell'Ayurveda.

Riproduttivo: il sistema riproduttivo della donna è complesso e delicato, per questo soggetto a possibili infiammazioni e piccoli disturbi. L'Ayurveda da sempre utilizza rimedi naturali per migliorare la salute ed il tono di questa particolare parte dell'organismo; l'utilizzo dell'aloe vera, la calendula, la malva, la lavanda, l'echinacea, la valeriana, la passiflora, la camomilla, la melissa, l'angelica, sono parte delle erbe naturali utilizzate.

Rishi: saggi venerabili, intuitivi, guru, asceti, speculatori filosofici dell'antica India. Per gli esperti estimatori le loro espressioni intellettuali sono considerate come vero patrimonio dell'umanità.

Sadhu: asceta, colui che ricerca la liberazione in vita per diventare Jivanmukta e Avadhuta, ovvero chi, nel sé, ha realizzato Dio. (Vedi più diffusamente anche Baba).

Sama: uguale, identico, equivalente.

Samkhya: darshana, ovvero uno dei sei sistemi filosofici induisti ortodossi, astika, originatisi nel subcontinente indiano. Il Samkhya interpreta il processo della creazione, la Natura naturante (Prakriti), come un vasto complesso di 24+1 Elementi o Principi universali (Tattva) che agiscono e interagiscono tra loro per favorire il ricongiungimento con la realtà cosmica, sia nel macro che nel micro cosmo individuale. I sei sistemi astika sono: Nyaya, Vaisheshika,

Samkhya, Yoga, Vedanta, Mimamsa. I tre sistemi non ortodossi, nastika, sono: Buddismo, Jaina, Charvaka. Nella cultura induista i sistemi filosofici sono considerati scuole di pensiero, quindi a tutti gli effetti veri "*punti di vista, investigazioni*" tra loro confrontabili; darshana infatti deriva dal termine sanscrito *drish* che significa vedere, non soltanto con gli occhi, ma anche con la mente, quindi *comprendere*.

Sanatana Dharma: 1) il nome originario dell'Induismo; 2) la legge universale eterna che crea e regola tutto il mondo fenomenico, l'ordine infinito.

Sedativo: l'effetto sedativo è quell'azione che favorisce la riduzione dello stress, dell'ansia ed il rilassamento del sistema nervoso centrale.
Tale effetto è promosso da specifici farmaci, ma può essere favorito anche dall'uso di sostanze naturali come maggiorana, ginepro, camomilla, aneto, calamo, cumino, chiodi di garofano, senape, tiglio, cannella, zafferano, valeriana, anice.

Shatkarma: Sono le sei tecniche yogiche di pulizia e purificazione del corpo: Neti, è la pulizia dei passaggi nasali; Dhauti, consiste nel lavare internamente; Nauli, è un movimento addominale con diversi benefici; Basti, è il lavaggio e la tonificazione dell'intestino; Kapalabhati, è la tecnica respiratoria che dona anche chiarezza; Trataka, è una tecnica di concentrazione dello sguardo che calma le emozioni ed introduce alla meditazione. (Anche Shatkriya).

Slum: è la realtà delle baraccopoli dove le persone vivono immerse nella totale indigenza. Le capanne più fatiscenti sono costituite da cartoni, canne e teli di plastica, dove molto spesso manca acqua ed energia elettrica. Sono sempre più diffusi nel mondo ed in Messico, Kenya, Pakistan, Egitto, Sud Africa, India, Venezuela, Haiti, Nigeria, Brasile, trovano il triste primato, anche con qualche milione di persone residenti (statistica ISPI School). Il contrasto più forte è sottolineato dalla presenza di queste realtà spesso ubicate in zone limitrofe a modernissimi centri metropolitani.

Smriti: ciò che è stato sistematizzato e scritto a seguito di una precedente diffusione unicamente orale. (religione, racconti di storia, costume, cultura).

Srota: sono i canali di circolazione dell'alimentazione e dell'energia responsabili altresì del trasporto delle scorie e dei rifiuti, allattamento e mestruazioni, ma anche per l'alimentazione della mente e le emozioni. Quando sono ostruiti dalle tossine generano patologie, un digiuno misurato, una volta ogni 10-15 giorni può contribuire alla loro purificazione.

Sruti: dal sanscrito, significa *"ciò che è stato udito"*. Ciò che anticamente è stato udito e trasmesso soltanto oralmente, da maestro a discepolo, da padre a figlio, da individuo a individuo.

Stimolante: le sostanze che promuovono in generale sensazioni di piacere provocando maggiore energia fisica ed anche mentale.
Nell'Ayurveda alcune sostanze naturali possono offrire misurati stimoli nei diversi sistemi dell'organismo, tra esse ricordiamo la curcuma, lo zenzero, il pepe di Cayenna, la cannella, il cardamomo, il guaranà, il ginseng, la bacopa monnieri, la noce di betel che va soltanto masticata ma non ingerita. Anche se sono sostanze naturali la loro assunzione deve essere sempre contenuta e mai integrativa dei farmaci in generale. E' anche noto che i farmaci a lungo andare possono creare dipendenza.

Stomachico: sostanza o prodotto in grado di stimolare un'azione digestiva. In Ayurveda alcune piante officinali favoriscono effetti di questa funzione, stimolando anche l'appetito, tra queste si ricordano il tarassaco, la cicoria, la genziana, il carciofo, l'ortica, il rosmarino, il finocchio, l'anice verde, la camomilla, la genziana, la bacopa monnieri, l'achillea, tisane di menta e zenzero, l'asparago officinale e quello racemosus originario dell'India per le proprietà soprattutto diuretiche.

Swastya: lo stato di salute psicofisico dell'individuo.

Taila: l'olio medicamentoso che si usa nei massaggi ayurvedici.

Tonico: sostanza che sostiene e regola l'organismo nelle condizioni di debolezza fisica e mentale. Le erbe ritenute toniche sono il ginseng, l'iperico e la melissa per gli stati umorali, la bacopa monnieri, il ginkgo biloba per sostenere le funzioni della memoria e della chiarezza, in generale sono benefici il ribes nero, la maca di origine peruviana, il guaranà, il calamo, la noce di betel che va soltanto masticata e non ingerita, la noce di cola di origine africana che va evitata sia negli stati di gravidanza che contemporaneamente all'assunzione di farmaci poiché contiene caffeina, ma anche lo shilajit, opportunamente trattato, che invece è un prodotto fossile ricco di sostanze minerali. In tutti i casi prima dell'assunzione è sempre opportuno avere il parere del proprio medico.

Trimurti: nella evoluzione ciclica degli Universi, la trimurti rappresenta le tre espressioni divine del Brahman: Brahma, colui che crea; Vishnu, colui che conserva e preserva; Shiva, colui che distrugge e dissolve.

Vaidya: medico ayrvedico.

Varna: il termine sanscrito significa "casta"; il relativo ordinamento sociopolitico era già citato nelle antiche scritture dei Rig Veda. Il sistema catastale, non più previsto dalla Costituzione, ma di fatto ancora oggi mantenuto nel quotidiano, prevede quattro suddivisioni con diverse funzioni: 1) quella religiosa *(brahmana)*, 2) quella militare *(ksatriya)*, 3) coloro che svolgono attività di commercio, agricole e di allevamento *(vaisja)*, 4) coloro che svolgono lavori più umili, spesso a servizio dei primi tre ordini *(sudra)*. La personale identità in una casta è riconosciuta solamente in funzione della diretta discendenza di appartenenza. (Anche jati).

Veda: sono le antiche sacre scritture della religione e della filosofia induista, considerate patrimonio sacro dell'India. Si dividono in quattro raccolte: Rig Veda, Sama Veda, Yajur Veda e Atharva Veda. Le prime riguardano, in una forma poetica, la recitazione delle devozioni invocate ai Deva, le grandi forze della natura, le divinità; le seconde sono la ripetizione dei Rig veda che vengono cantati come litanie specialmente nei sacrifici; le terze sono i manuali, i books che contengono le formule in prosa recitate nei sacrifici; le quarte, molto antiche, sono la raccolta di formule inerenti riti magici riferiti ad entità demoniache ed abbondano di nozioni sulla stregoneria. Classificati per tipo di letteratura ognuno dei Veda si distingue in Samhita, Brahmana, Aranyaka e Upanishad. I primi sono le collezioni di versi, i secondi sono i commentari in prosa e spiegano il dettaglio esasperato dei riti, i terzi sono i trattati della foresta, i quarti rappresentano la speculazione filosofica, sono temi in cui il centro d'interesse non è più soltanto un creatore esterno ma il centro di se stessi, in questo contesto allora il Sé interiore diventa "Atman" e si fonde nel binomio Atman=Brahman, pura Coscienza.

Vernacoli: i diversi dialetti parlati nelle varie regioni dell'India.

Vritti: le fluttuazioni della mente, modificazioni, vortice, movenze, attività.

Vulnerario: l'effetto v. si riferisce generalmente alla presenza di cicatrici, bruciature, ferite, ematomi, contusioni, punture d'insetti e lesioni della pelle. Le risorse naturali riguardano l'iperico, la verbena, la calendula, l'arnica, la malva sylvestris, l'agrimonia, l'achillea, ma anche le più umili patate, cetrioli e cipolle che quando applicate sulle parti interessate possono causare anch'esse benessere.

Indice

Printed by Books on Demand GmbH, Norderstedt / Germany